博物館資料の臨床保存学

神庭信幸

武蔵野美術大学出版局

はじめに

　私が文化財資料の保存に携わってきたこれまでの経験の中で、診断・予防・修理を一体の方法論として実践することで生み出される高い効果に気づき、その大切さを実感したのは、ここ15年間の活動においてである。効果とは、いうまでもなく展示公開や収蔵保管を行う際により高いレベルの安全性が実現されることである。温度や相対湿度などの資料を取り巻く展示保管環境、学芸員や来館者などの人的環境、そして資料の物理的安定性などに対して、資料保存の観点から診断・予防・修理を適切なバランスで組み合わせながら、資料や環境、そして職員に働きかけることによって、資料は安定した状態に落ち着き、あるいは安定した状態を取り戻し、危険度が低い状態での展示公開、そして保管をすることが可能になるわけである。

　以前は、個別的な方法論の探求や個別の資料に的を絞った研究を行うことによって、それぞれの方法論がより高い能力を獲得できるように努力してきた。それらは科学的手法を駆使した資料の調査であり、環境による資料の劣化機構の探求であり、また修理技術の開発・改良などであった。私が勤めるようになった15年ほど前の東京国立博物館は、資料の貸し出し、展示替え、特別展、修理など、どれをとっても取り扱う資料の数量が膨大であるだけではなく、環境改善を要する収蔵庫や展示室も多く、それらの問題が多岐にわたるために、どこから手をつければよいか見当がつかないほどに複雑な課題を抱える博物館であった。そのため、複雑かつ多様な課題に対応が可能な新たな方法論を創出する必要性に迫られた。そこで、個別的に取り組んできた方法論を統合して一体的に適用することで、複雑に絡み合い、解決の糸口が見えにくい課題や状況に対して、明確な指針を包括的に示すことができるような保存活動を志向した結果として、「臨床保存学」が

生み出された。

　臨床保存学では、資料に生じる劣化は人、モノ（資料）、環境が相互に作用することによって生じると考え、これら三つの要素をいかにコントロールするかが主要なテーマである。したがって、資料の保存を担当する者は資料のみならず、資料を取り巻く環境と人に対しても同様に関心をもたなければならないと考えている。つまり、人、モノ（資料）、環境にいかにアプローチするかが大切であり、アプローチの仕方如何では、その後の状況が大きく変わることを念頭において行動する必要がある。

　2011（平成23）年3月11日14時46分、三陸沖約24kmの海底でマグニチュード9.0の巨大地震が発生した。宮城県栗原市で最大震度7を観測し、震源域は岩手県沖から茨城県沖までの南北約500km、東西約200kmのおよそ10万平方キロメートルに及んだ。この地震によって、場所によっては最大遡上高40.1mにも上る大津波が発生し、東北地方と関東地方の太平洋沿岸部に壊滅的な被害をもたらした。

　震災後、私は陸前高田市立博物館（岩手県）の被災資料の保全を支援してきたが、その活動は平常時の博物館で培ってきた臨床保存学の実践を基本原則として行っている。まず、海水を被り、塩分やヘドロ、黴（かび）やバクテリアなどの微生物に汚染された被災資料の保存状態と、それらの資料の避難場所として足の踏み場もないほどに資料が運び込まれた小学校の環境状態を把握することを何よりも優先して行った。次に、資料の安定化処置の実施、環境改善のためのさまざまな取り組みを行い、資料に生じる劣化進行の抑制に努めた。

　現在もこれらの活動は継続して行われている。段階的な処置を経た被災資料は、今後徐々に本格修理が施されることになる。このように、平時の方法論が危機的状況においても役立つことが今回の経験で検証され、あらためてその有効性を実感しているところである。

本書は、臨床保存学の考え方に沿った章だてにより博物館資料保存論を説いている。また、文部科学省が2009（平成21）年4月に公布した「博物館法施行規則の一部を改正する省令」で示した科目「博物館資料保存論」の要素を全て含むように工夫を施した。
　「博物館資料保存論」の要素は「内容」として、以下のような項目が列挙されている。

　○博物館おける資料保存の意義
　○資料の保全（育成を含む）
　　　・資料の状態調査・現状把握
　　　・資料の修復・修理
　　　・資料の梱包と輸送
　○博物館資料の保存環境
　　　・資料保存の諸条件とその影響（温湿度、光、振動、大気等）
　　　・生物被害とIPM（総合的有害生物管理）
　　　・災害の防止と対策（火災、地震、水害、盗難等）
　　　・伝統的保存方法
　　　・収蔵、展示などの保存環境
　○環境保護と博物館の役割
　　　・地域資源の保存と活用（エコミュージアム等）
　　　・文化財の保存と活用（景観、歴史的環境を含む）
　　　・自然環境の保護（生物多様性・種の保存を含む）

　これらの内容を踏まえながら、より実践的な博物館活動の観点、つまり臨床保存学の視点から並び順を整理し直して、調査・診断、予防、修理、教育・普及、環境保護の順に章だてを行った。
　「第1章　博物館における資料保存の意義」では、何を保存するか、どのように保存するか、どんな危険があるかについて、臨床保存の考

え方から説明している。あわせて博物館活動にかかわる者の倫理、そして文化財資料に対する保存制度の歴史を概観した。「第2章　環境と資料の状態診断」では、資料の劣化とそれに影響を及ぼす因子との関係についての理解を図った上で、環境の状態診断と最適な条件、資料の状態診断について説明している。「第3章　環境と予防保存」では具体的な事例も紹介しながら、博物館内の展示室や収蔵庫、輸送中の梱包ケース、保存箱などに関して予防保存の観点から環境改善の方法について説明し、「第4章　劣化と修理保存」では資料の修理について、傷みの初期段階に用いる対症修理と、傷みが相当程度に進行した資料に施す本格修理について説明している。本格修理については各分野の資料に対する具体的な実施例を紹介して、理解の促進を図った。「第5章　教育と普及」では専門家養成のための教育、保存活動の重要性を一般社会へ周知するための公開と展示について説明している。「第6章　環境保護と博物館の役割」では環境保護に博物館がどのように関係すべきか、自然災害に対して博物館が果たす役割、そして生物多様性の観点から見た博物館活動について説明している。

　東京国立博物館の保存修復課は、保存分野の専門家の他に、学芸分野からさまざまな専門家が加わった集団で、日々の活動を一緒に行いながら問題の解決を図ってきた。また、得られた成果を適宜検証し実践力の精度を高めることで、臨床保存学は次第に成長・発展してきた。これまで、保存分野の専門家である土屋裕子さん、和田浩さん、塚田全彦さん、荒木臣紀さん、沢田むつ代さん、鈴木晴彦さん、米倉乙世さん、山本紀子さん、本多聡さん、沖本明子さん、半河智恵さん、小野博さん、林煥盛さん、ヴァレリー・レイさん、北川美穂さん、北野珠子さん、学芸分野の専門家である高橋裕次さん、古谷毅さん、玉蟲玲子さん、行徳真一郎さん、救仁郷秀明さん、日高慎さん、冨坂賢さん、三笠景子さん、川村佳男さん、酒井元樹さん、沖松健次郎さん、

そして非常勤職員として活動を支えてくれた大勢の仲間たちが、その時々においてともに協力して臨床保存の開発と発展に尽くしてくれた。そしてこのような環境だからこそ、臨床保存を実践する者にとって大切なアプローチの仕方を各自が獲得する機会に恵まれたと思う。

　こうして育まれた考え方を私の視点でまとめた本書が、学芸員養成課程で学ぶ学生のみならず、臨床保存の実践を目指す人々、博物館に勤める職員、文化財資料に興味をもつ一般の方々などに広く役立つことを願って止まない。

2013（平成 25）年 11 月
神庭信幸

目　次

はじめに ……………………………………………………………… 3

第 1 章　博物館における資料保存の意義
　　第 1 節　文化財資料に求めるもの ……………………………… 12
　　第 2 節　保全をおびやかすリスクとは ………………………… 24
　　第 3 節　臨床保存学の必要性 …………………………………… 27
　　第 4 節　職業倫理 ………………………………………………… 36
　　第 5 節　資料保存を支える専門家 ……………………………… 41
　　参考資料 …………………………………………………………… 46

第 2 章　環境と資料の状態診断
　　第 1 節　資料の保存公開と環境の関係 ………………………… 48
　　第 2 節　環境をモニタリングして状態を評価する …………… 57
　　第 3 節　資料の調査診断と記録 ………………………………… 71
　　参考資料 …………………………………………………………… 90

第 3 章　環境と予防保存
　　第 1 節　環境を改善して資料を保全する ……………………… 94
　　第 2 節　博物館資料を安全に輸送する ………………………… 116
　　第 3 節　保存箱で安全な環境をつくる ………………………… 127
　　参考資料 …………………………………………………………… 134

第4章　劣化と修理保存

　　第1節　修理を行う前に状態を調査する……………………140
　　第2節　対症修理と本格修理の役割……………………………146
　　第3節　修理報告書を作成する…………………………………154
　　第4節　本格修理の事例…………………………………………156
　　参考資料……………………………………………………………182

第5章　教育と普及

　　第1節　保存活動の公開…………………………………………186
　　第2節　保存教育…………………………………………………194
　　参考資料……………………………………………………………202

第6章　環境保護と博物館の役割

　　第1節　低炭素社会との共存……………………………………204
　　第2節　自然災害への対応………………………………………218
　　第3節　環境と調和する資料保存………………………………230
　　参考資料……………………………………………………………244

第 1 章　博物館における資料保存の意義

第1節　文化財資料に求めるもの

〔1〕文化財資料の種類

　1950（昭和25）年に制定された文化財保護法は、わが国の文化財保護に関する基本的な制度である。文化財保護法第一章総則第二条において、文化財は有形文化財、無形文化財、民俗文化財、記念物、文化的景観、伝統的建造物群など6分野に分類・定義されている。

1. 有形文化財：建造物、絵画、彫刻、工芸品、書跡、典籍、古文書その他の有形の文化的所産で我が国にとつて歴史上又は芸術上価値の高いもの（これらのものと一体をなしてその価値を形成している土地その他の物件を含む。）並びに考古資料及びその他の学術上価値の高い歴史資料
2. 無形文化財：演劇、音楽、工芸技術その他の無形の文化的所産で我が国にとつて歴史上又は芸術上価値の高いもの
3. 民俗文化財：衣食住、生業、信仰、年中行事等に関する風俗慣習、民俗芸能、民俗技術及びこれらに用いられる衣服、器具、家屋その他の物件で我が国民の生活の推移の理解のため欠くことのできないもの
4. 記念物：貝づか、古墳、都城跡、城跡、旧宅その他の遺跡で我が国にとつて歴史上又は学術上価値の高いもの、庭園、橋梁、峡谷、海浜、山岳その他の名勝地で我が国にとつて芸術上又は観賞上価値の高いもの並びに動物（生息地、繁殖地及び渡来地を含む。）、植物（自生地を含む。）及び地質鉱物（特異な自然の現象の生じている土地を含む。）で我が国にとつて学術上価値の高いもの
5. 文化的景観：地域における人々の生活又は生業及び当該地域の風土に

より形成された景観地で我が国民の生活又は生業の理解のため欠くことのできないもの
6. 伝統的建造物群：周囲の環境と一体をなして歴史的風致を形成している伝統的な建造物群で価値の高いもの

〔2〕資料を保存公開する博物館施設

　文化財保護法が保護の対象とする資料は前述のとおりであるが、博物館施設が保存公開の対象とする資料はこれらに加えて、動植物、鉱物、化石、隕石などの学術的に価値のある自然史資料も含まれる。博物館法第一章総則の前段を示し、博物館法の定義について紹介する。

　第一条　この法律は、社会教育法（昭和二十四年法律第二百七号）の精神に基き、博物館の設置及び運営に関して必要な事項を定め、その健全な発達を図り、もつて国民の教育、学術及び文化の発展に寄与することを目的とする

　第二条　この法律において「博物館」とは、歴史、芸術、民俗、産業、自然科学等に関する資料を収集し、保管（育成を含む。以下同じ。）し、展示して教育的配慮の下に一般公衆の利用に供し、その教養、調査研究、レクリエーション等に資するために必要な事業を行い、あわせてこれらの資料に関する調査研究をすることを目的とする機関（社会教育法による公民館及び図書館法（昭和二十五年法律第百十八号）による図書館を除く。）のうち、地方公共団体、一般社団法人若しくは一般財団法人、宗教法人又は政令で定めるその他の法人（独立行政法人（独立行政法人通則法（平成十一年法律第百三号）第二条第一項に規定する独立行政法人をいう。第二十九条において同じ。）を除く。）が設置するもので次章の規定による登録を受けたものをいう

2. この法律において、「公立博物館」とは、地方公共団体の設置する博物館をいい、「私立博物館」とは、一般社団法人若しくは一般財団法人、宗教法人又は前項の政令で定める法人の設置する博物館をいう

3. この法律において「博物館資料」とは、博物館が収集し、保管し、又は展示する資料（電磁的記録（電子的方式、磁気的方式その他人の知覚によつては認識することができない方式で作られた記録をいう。）を含む。）をいう

第三条　博物館は、前条第一項に規定する目的を達成するため、おおむね次に掲げる事業を行う

　　一　実物、標本、模写、模型、文献、図表、写真、フィルム、レコード等の博物館資料を豊富に収集し、保管し、及び展示すること

　　二　分館を設置し、又は博物館資料を当該博物館外で展示すること

　　三　一般公衆に対して、博物館資料の利用に関し必要な説明、助言、指導等を行い、又は研究室、実験室、工作室、図書室等を設置してこれを利用させること

　　四　博物館資料に関する専門的、技術的な調査研究を行うこと

　　五　博物館資料の保管及び展示等に関する技術的研究を行うこと

　　六　博物館資料に関する案内書、解説書、目録、図録、年報、調査研究の報告書等を作成し、及び頒布すること

　　七　博物館資料に関する講演会、講習会、映写会、研究会等を主催し、及びその開催を援助すること

　　八　当該博物館の所在地又はその周辺にある文化財保護法（昭和二十五年法律第二百十四号）の適用を受ける文化財について、解説書又は目録を作成する等一般公衆の当該文化財の利用の便を図ること

九　社会教育における学習の機会を利用して行つた学習の成果を活用して行う教育活動その他の活動の機会を提供し、及びその提供を奨励すること
　　　十　他の博物館、博物館と同一の目的を有する国の施設等と緊密に連絡し、協力し、刊行物及び情報の交換、博物館資料の相互貸借等を行うこと
　　　十一　学校、図書館、研究所、公民館等の教育、学術又は文化に関する諸施設と協力し、その活動を援助すること
2. 博物館は、その事業を行うに当つては、土地の事情を考慮し、国民の実生活の向上に資し、更に学校教育を援助し得るようにも留意しなければならない
第四条　博物館に、館長を置く
2. 館長は、館務を掌理し、所属職員を監督して、博物館の任務の達成に努める
3. 博物館に、専門的職員として学芸員を置く
4. 学芸員は、博物館資料の収集、保管、展示及び調査研究その他これと関連する事業についての専門的事項をつかさどる
5. 博物館に、館長及び学芸員のほか、学芸員補その他の職員を置くことができる
6. 学芸員補は、学芸員の職務を助ける

[3] オリジナルの保全

　文化財資料の製作当初の部分を「オリジナル」という。修理は、長年の展示公開などが原因となって生じる劣化の進行を止め、安定した状態を回復するために行われる。資料の多くは修理を繰り返し受けながら今日まで保存されてきているので、オリジナルの部分にも何らか

の処置が及んでいる。保存のために繰り返し行われる修理は資料の物理的な安定性を高め、取り扱いを容易にするが、必ずしもオリジナルに関する情報や材質が保全されるとは限らない。

　それでは、収蔵庫で資料を保管すれば確実にオリジナルが保全できるかといえば、それにも限界がある。資料を取り巻く温度や相対湿度などの環境は、通常は決して一定で安定したものではなく、刻々と変化するものである。そして時には大きな変化が原因となって黴(かび)や害虫の発生、あるいは変形や破壊が起こり、資料のオリジナルに致命的な劣化を生じさせる恐れさえある。資料それぞれの状態をよく把握し、保管する際の適切な環境条件を理解することで、はじめて保管の効果が生まれることになる。

　利用あるいは保管の間に傷んだ資料は、修理によって安定性を回復する。そしていずれまた同じことが繰り返され、その度にオリジナル部分に影響が及ぶことになる。このように資料の利用、保管、修理の三者は、資料の保全に密接にかかわっている。いずれも用い方を間違えると資料に重大な影響を与えることになる。激しく劣化した資料に対して施される修理に比較すると、適切な保管で緩やかに進行するわずかな劣化に対して施される修理の方が、後々オリジナルが残存する割合は遥かに大きくなる。展示や公開の際の取り扱いや環境が苛酷であればあるほど、それらに耐えられるように強化・補強が修理に対して要求されることになる。つまり、適切な条件下での保管、展示公開が実施される資料は、修理の必要性が低くなる。過剰な補強を必要としない資料保存の方向に向かうことが、オリジナルの保存につながるのである。

〔4〕伝統と科学

　博物館や美術館で目にする東洋絵画や書跡は、巻物や掛軸あるいは屏風などの姿で展示されている。資料がこうした形態を維持することができるのは、「装潢技術」という伝統技術のお陰である。装潢技術は、新しく屏風や掛軸などを製作する時の技術であると同時に、修理に必要な技術でもある。また、社寺や城郭などの木造建造物は半世紀に一度くらいの割合で大修理が行われるが、その時は特別な技術をもった宮大工が活躍する。この宮大工の技術も伝統に支えられている。資料を扱えるほどの高度な装潢技術や大工技術を修得するには最低でも 10 年は必要といわれ、今でも専門家を目指して研鑽を積む若者は少なくない。現在私たちが目にする多くの資料は、これらの伝統的な技術によって残されてきたといってもよい。この他にも、大切なものを桐箱や土蔵の中で保管することで、長期間にわたり良好な状態が維持されやすいという経験則を長年の経験から私たちは学び、わが国の文化財資料はそうした環境で保管されてきた事実がある。

　経験とそれによって培われた勘、そしてさまざまな伝統材料が資料を守ってきたわけである。しかし、伝統と経験による保存だけが資料のオリジナルを残すことを必ずしも保証するものではなく、時には保管状況や修理によってオリジナル部分が失われ、新しいものに置き換えられてしまうことも決して珍しいことではない。だからこそ、これらに加えて、科学的な見方や考え方、あるいは技術や材料を導入し、より確実な資料の保全を目指そうとしているのが今日の姿である。長い時間をかけてその安全性が確認されてきた伝統と、多様な可能性をもつ科学的な方法の、両者がそれぞれの役割を適切に果たすことによって資料の保全はより確実なものとなる。

〔5〕資料を生かす組織

　博物館が行う活動は公開と保存に大別される。公開を目的とした活動には、常設展や特別展のための展示、展覧会のための資料の貸与あるいは借用などの出納管理、それに伴う資料の輸送、資料の購入、寄託あるいは寄贈の受け入れ、資料の学術的調査などが挙げられる。保存を目的とした活動としては、資料の収蔵管理、傷んだ資料の修理、収蔵および展示環境の整備がある。博物館の現場ではこれらの活動を個別に行うのではなく、複合的に行うことが多い。参考として国立文化財機構の組織図を示す（図表1-1）。網掛けの部署が、主に資料の保存にかかわっている。

　たとえば、展示を一例としてみる。展示を行うためには、まず、展示用の資料リストをつくる。内容によっては他館の資料を候補として挙げることもある。リストアップされた資料は展示が可能な保存状態であるかどうかを確認し、展示期間が資料の材質や状態に対して適切かどうかの判断を下さなければならない。保存状態が必ずしも十分でない時は、修理を施すことで展示が可能になるかどうかを検討する必要がある。借用品の場合には、輸送のための梱包方法や輸送方法について検討し、館内に害虫や黴を持ち込まないための燻蒸処理などが必要かどうかの判断も行わなければならない。また、修理を前提とした輸送の場合には、どのタイミングで修理を行うかも決めなければならない。

　こうして展示品のリストが確定すると、次に、資料がもつ雰囲気や保存状態に相応しい展示・保存環境をつくり出すために、展覧会の内容にあわせて展示する空間の模様替えをする必要がある。資料にあわせて、陳列ケースの使用、転倒防止のために免震装置の使用、見やすくするための傾斜台の使用、支持具やテグスなどの固定の仕方、資料

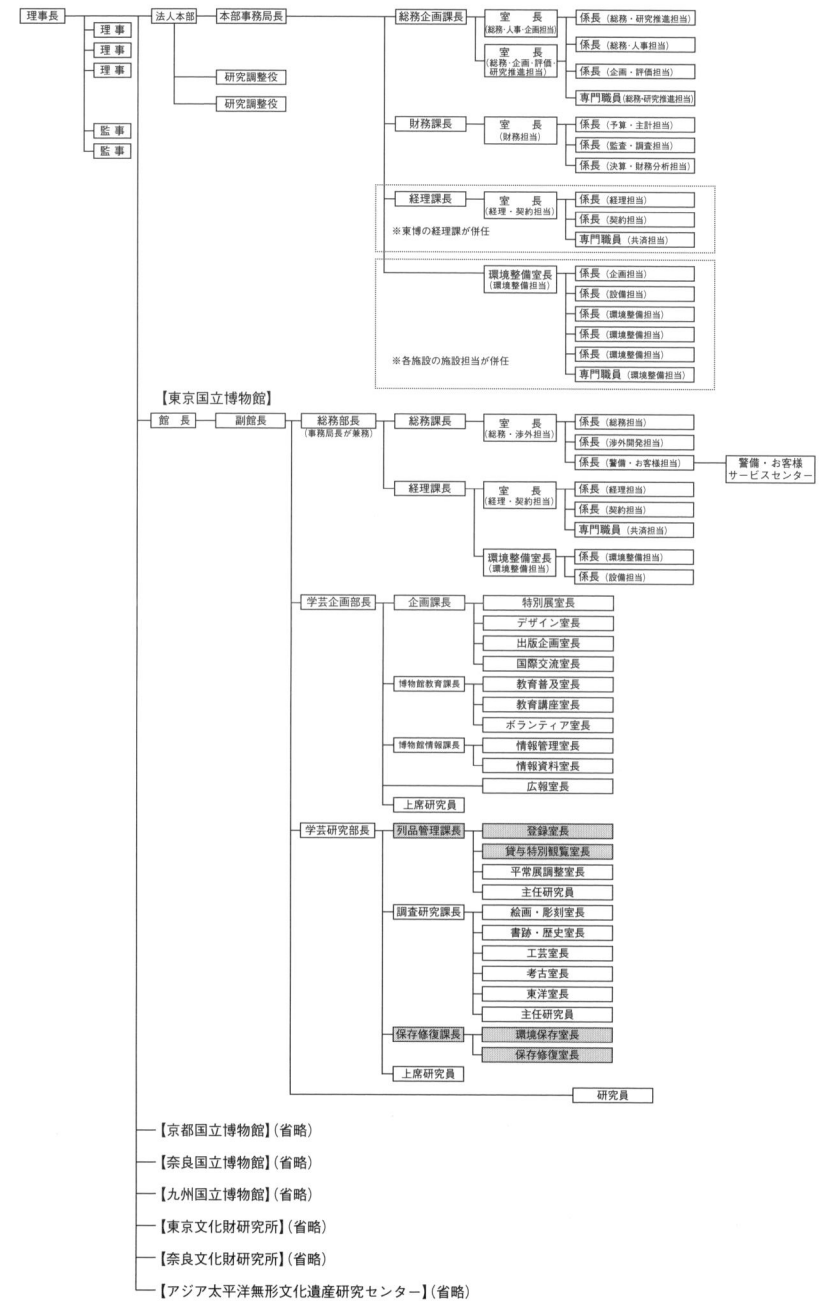

図表 1-1　独立行政法人国立文化財機構組織図（2013 年 4 月 1 日現在）

第 1 章　博物館における資料保存の意義　19

の下に敷く敷物の選択など、細かな点に配慮しなければならない。展示室内の造作や仮設の展示ケースの製作に使用される全ての材料は、資料の保存に悪影響を与えるガスを放出するかどうかを調べるために、事前の検査を受ける必要がある。展示工事で使用される接着剤が十分に乾燥するだけの時間的な余裕をもって、展示作業前に確実に工事を完了させ、展示場やケース内の温湿度を目標値に安定させることが重要である。

　他館から資料を借用する場合、現地に赴いて資料の状態点検を行った後、梱包して輸送する。博物館に到着すると、燻蒸が必要な場合にはそれを行ってから開梱と状態点検となる。何らかの修理が必要とされる資料は、梱包前あるいは開梱後に修理を実施する。展示に伴う修理は、通常小規模な修理のことが多く、本格的な修理は極めて稀である。小規模修理には、彫刻の場合は彩色層の剥落止めや剥離した本体の一部の接合、絵画の場合は額や掛け軸などの紐の取り替え、剥がれた紙や絹の接着などさまざまな例がある。いずれも限られた時間内に、必要最小限の処置を、今後の保存や将来の本格修理の障害とならないような材料と方法を駆使して行わなければならない。

　こうして、資料の状態確認と展示場の環境確認が完了した後、ようやく展示場に資料が運び込まれ、用意されたケースや展示台に据えつけられていく。据えつけが終わると照明の角度や拡散の程度を調整しながら、資料の材質と保存状態に適合した展示照度を決めていく。会期中は定期的に資料と環境の点検を実施し、資料の保全を図っていくことになる。また、会期途中で展示替えを行う場合には、会期中に資料の返却と借用が行われる場合もある。

　このように、展示について見るだけでも、資料に関する美術的あるいは歴史的な面、管理的な面、保存的な面、デザイン的な面などいろいろな分野が協力しながら、公開を可能にしていることがわかる。

〔6〕文化財資料保護制度の歴史

　わが国の文化財資料は、近世に至るまで天皇家や武家の家宝、社寺の財宝、町方衆の財産として継承されてきたものであり、それまで国家的な保護制度は存在しなかった。明治維新を迎え、1868（明治元）年に「神仏判然令」による「神仏分離」政策が実施されると、維新後の急激な欧化主義も手伝って廃仏毀釈の風潮が吹き荒れ、日本各地で仏像、仏具など仏教関係の貴重な資料が破壊されることになる。明治政府は1871（明治4）年に「古器旧物保存方」を布告し、伝世資料である全国の古器旧物を保全し、品目と所蔵者を政府に報告するよう発令した。品目は31部門に分類されたが、それは後に文化財資料分類の基準となった。1872（明治5）年に設置されたばかりの博物館によって、正倉院御物も含め社寺および華族の宝物調査が行われたが、その時の調査は壬申の年に行われたことから後に「壬申検査」と呼ばれるようになる。

　当時、寺院の経済的疲弊は著しく、窮状をしのぐために数多くの宝物が流出した。法隆寺は寺宝の一部を皇室に献納し、それによって下賜された報酬金で寺宝の散逸防止と伽藍修理を行っている。その時の献納品は、現在東京国立博物館において法隆寺献納宝物として収蔵、公開されている。当時日本美術の保存を主張し、調査を行った岡倉天心、フェノロサらは、1888（明治21）年に宮内省に設置された臨時全国宝物取調局において、九鬼隆一とともに全国の古社寺を中心とする調査を実施し、1897（明治30）年までに約21万5000点にのぼる伝世資料の調査を実施している。1897年には「古社寺保存法」が制定され、適用の対象となった資料には保存修理のために必要な経費「保存金」が支給され、また資料の処分や差し押さえを禁止する制度でもあった。対象は寺社に限られているが、わが国初の助成制度とし

て重要である。

　昭和に入り、深刻な経済不況によって旧大名家が所蔵する家宝が散逸し、さらにそれまで放置されてきた城郭建築の修理の必要性が切迫するようになると、社寺を対象にした従来の「古社寺保存法」では文化財資料全般の保全に対応しきれない状況になった。これに対応するため、1929（昭和4）年に個人が所蔵する資料まで保全の対象を広げた「国宝保存法」が制定された。法律の施行時には宝物類3704件、建造物845件が国宝とみなされた。1950（昭和25）年に「文化財保護法」が制定されるまでの間に国宝指定された資料が、旧国宝と呼ばれるものである。その間、1932（昭和7）年には、未指定であった「吉備大臣入唐絵巻」（現ボストン美術館蔵）が流出する事態が起こるなど、状況は依然として深刻であったため、1933（昭和8）年4月に国宝に指定されていない貴重な美術品の海外流出の防止を目的として「重要美術品等ノ保存ニ関スル法律」が制定された。

　第2次世界大戦が終結して間もなく、1949（昭和24）年1月26日に発生した法隆寺金堂の火災によって、金堂壁画が焼損した。この事態を契機として議員立法によって1950年5月に「文化財保護法」が制定され、同年8月に施行された。「文化財保護法」は文化財資料に関する包括的な法律であり、国宝および重要文化財の2段階指定制度を採用することで、よりきめの細かな保護対策を講じることができるようになった。現在は、改正を重ねながら「文化財保護法」に基づいた文化財資料保護政策が施行されている。2013（平成25）年9月1日現在、国宝は1089件、重要文化財は12930件が指定されている。

　1947（昭和22）年に帝室博物館が文部省に移管されて国立博物館になると、博物館に設置された「保存修理課」において国宝などの調査・指定、保存修理の事業が行われた。1950年に文部省の外局に「文化財保護委員会」が設置されると、文化財保護行政はそちらへ移行した。また、1954（昭和29）年に国立博物館附属美術研究所から東京

国立文化財研究所が独立するに伴い、文化財保存に関する調査・研究は国立博物館から離れた。行政機構の簡素化に伴い、1968（昭和43）年に文化財保護委員会と文部省文化局が合併して文化庁が発足すると、国立博物館および文化財研究所はその附属機関となるが、1984（昭和59）年にさらに同庁の施設等機関と改められた。2001（平成13）年には東京国立博物館、京都国立博物館、奈良国立博物館の3館を統合した「独立行政法人国立博物館」（その後2005［平成17］年に九州国立博物館が開館し加わる）が発足、2007（平成19）年にはその「独立行政法人国立博物館」と東京および奈良の文化財研究所が属する「独立行政法人文化財研究所」が統合され「独立行政法人国立文化財機構」となり、今日に至っている。

第2節　保全をおびやかすリスクとは

〔1〕博物館が抱えるリスク

　博物館が所蔵する資料は異なる地域において、そして異なる時代において製作されたものがほとんどであり、これまで別々に保管されてきたものである。こうした資料が博物館の中で一緒に保管されることにより、それらに現れる劣化や傷みが同時に発生する可能性が高まる。博物館にはこのようなリスクが基本的に存在していることを、まずはじめに自覚することが大切である。

　展示室で公開されている時、収蔵庫で保管される時、貸し出しのために輸送される時、傷みが進んで修理される時、出版・印刷などのために写真やビデオ撮影が行われる時、研究者が直接手にとって綿密に調査する時など、あらゆる活動の傍に資料を劣化へと導く危険が潜んでいる。積極的な資料の公開が求められる博物館は、これらの危険に対する具体的な対策をたて、もしもの時の備えをしながら、さまざまな要求に合致した運営を行うという、高度な舵取りが要求される時代の中にある。よりオープンな環境の下で行う活動と、危険を回避しようとする中で行う活動とでは、方向性が異なり両立しがたい活動と思われる。しかし、双方を充たしつつ、より次元の高い公開と安全を実現することが現代の博物館に課せられた使命であり、まさに博物館活動そのものである。

　そのためには、資料の歴史的側面と物質的状態について正確な認識をもつこと、同時にそれを取り囲む環境の状態を正確に認識すること、次に的確な対処法を選択すること、そして長期的な観点から問題点の解決を図ることが大切である。博物館にはさまざまなリスクが存在す

る。それらを完全になくすことは困難であるが、リスクを段階的に小さくして、長期にわたる資料の保全を図ることは可能である。

〔2〕資料が損傷する原因

文化財資料が傷む原因は、10年から100年の長期的な作用、1年から10年の中期的な作用、1年以下の短期的あるいは瞬間的な作用など、時間の長さによって三つのグループに分類される。この三つのグループそれぞれについては第2章第1節で詳しく解説するが、簡単に触れると以下のようになる。

長期的な作用によって現れる損傷とは、10年から100年程度の期間にわたって原因が継続した時に発生する資料の劣化である。温湿度変化、高湿な保管環境、展示のために繰り返し照射される照明、繰り返し利用されることによって生じる掛け軸や巻物の磨耗が具体的な原因である。変化の進行が緩やかなため、損傷の進み具合を明確に認識できないことが多い。また、修理によって資料のオリジナル部分もわずかずつ影響を受けることになるが、これも長期的な作用に含まれる（図表1-2）。

中期的な作用によって現れる損傷は、1年から10年の期間にわたって原因が持続したときに発生するものである。館内外で発生した黴や害虫による生物被害、屋外の窒素酸化物や硫黄酸化物などの大気汚染物質の侵入、

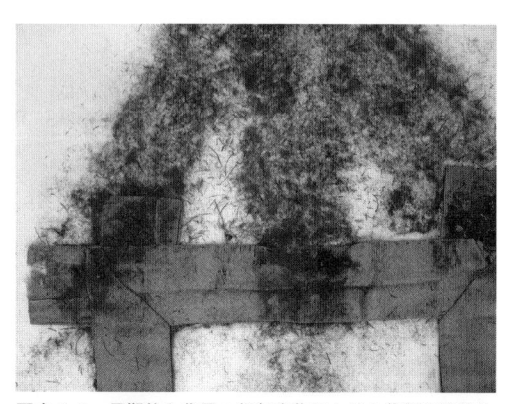

図表1-2　長期的な作用：経年劣化による上代裂の粉状化

第1章　博物館における資料保存の意義　25

図表 1-3　中期的な作用：害虫による絵巻物の虫損

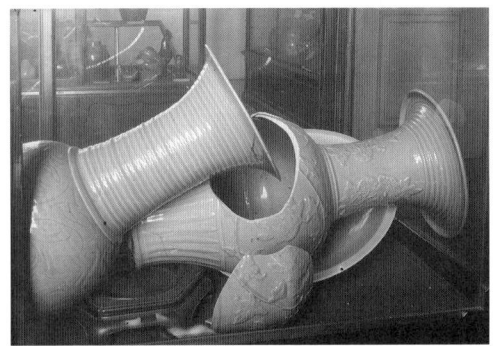

図表 1-4　短期的な作用：地震による陶磁器の転倒破損

屋内の建材が放出するホルムアルデヒドや酢酸などによる室内汚染がこれに相当する原因である。また、保存・修復材料として、安定性が確認されていない合成樹脂などの変退色、硬化や変形などもこれに含まれる（図表 1-3）。

　短期的な作用によって生じる損傷は、部材の剥離や脱落の原因となる輸送中の衝撃や振動、地震・火災・水害などの災害がもたらす影響が原因となる。地震の時に、展示台や収納棚に並べてあった土器が落下して、破損した事故の例はたくさんある。その反省に立って最近では、免震台に土器などをのせて安全に展示する方法がとられるようになった（図表 1-4）。

第 3 節　臨床保存学の必要性

〔1〕計画的な保存

　博物館に収蔵される以前、資料は個別の所有者の下で管理されていたものが、博物館のコレクションに加えられた時から、集団の中で一緒に保存管理が行われていくことになる。個別分散的な管理下では、地域全体が自然災害に見舞われるなどの特殊な場合を除いて、資料が集団として同時に傷むことはほとんど考えられない。しかし、分散から集中化を意図とする博物館の保管には、人為的な理由によって劣化や損傷が集団的に発生するリスクが存在する。つまり、何も手立てを講じなければ、集中により資料が傷むリスクが高まることを前提としなければならない。資料を展示・収蔵する環境が不適切であると、資料に生じる損傷は促進される。そして、損傷を回避するための修理によって資料に過度の強化が加えられることになる。こうした状況は、本来の目的であるオリジナルの保全と逆行するものである。

　一方、博物館施設において、収蔵資料を分野や価値づけによって個別的に管理した場合、収蔵資料全体に対する理解が欠如して、改善すべき問題点の抽出やそれらの序列化が困難になる。多くの場合、関心の高い資料はより質の高い保存措置の機会を得やすいが、関心の低い資料はそのままに置かれてしまうことが多い。つまり、資料の個別的管理はリスクの極端な不均衡を生じやすいので、リスクの平均化と軽減のためには組織的な管理が必要になる。以上のように、博物館は資料を集中させ、同一条件の環境で保管するため、同時多発的な損傷や劣化が生じる可能性があることを認識することが重要である。それゆえに、組織的かつ計画的な保存の活動が必要ということになる。

〔2〕資料保存のための三つの要素

資料および環境の状態診断（Diagnosis）

　資料および環境の状態を点検し（モニタリング）、それを記録すること（カルテ化）は、収蔵資料管理の点からは最も基本的な作業の一つである。それによって、資料の状態に基づいた環境の改善計画の立案、資料の状態の深刻さに応じた処置内容の提案が可能になる。資料点検の機会としては三つの場面が考えられる。第一は、資料を他館に貸与する際に行う事前点検、ないしは引き渡し時点での点検である。東京国立博物館では年間1000〜2000件の貸与があるので、その機会を有効に活用する。第二が、展示中の資料を見回りながら行う点検である。年間約5000件の資料が展示される。第三が、本格的な修理を行うために実施する事前点検で、年間200〜300件の点検を行う。点検の結果は全て保存カルテに記録する。それ以後に同じ資料に関して得られたデータは同じカルテに逐次収めるようにする。カルテには、悪化あるいは脆化の具体的な状況、およびそれらが懸念される箇所、そしてその原因、日時、発見者を記述する。

　環境の点検は、収蔵庫や展示室に設置した温湿度計の読み取り、空気環境の点検による有害物質の濃度の確認、生物生息調査による害虫や黴の生息数や生息分布の把握など、定期的なモニタリングによって、異常を発見するために行う。異常が発見された時には、設備的な故障、あるいは施設的な欠陥との関連性を調査して改善につなげる。適正な範囲を超えた環境が常態化している場合には、改善の努力を行いつつモニタリングを続けることが、将来の解決につなげていくためには大切である。また、適正な値を示す環境であっても、継続的なモニタリングを実施することが異常発見のために重要である。

予防保存（Preventive Conservation）

　博物館という専用の施設に保管されているにもかかわらず、資料は傷むものである。資料の劣化は、展示を行う時に手で触れ、照明をあてるだけで極めてわずかではあるが進むものである。繰り返される接触による磨耗、温度や相対湿度変化による紙や木材の微妙な動き、光や汚染空気による化学反応、害虫や黴などによる食害や汚損など、さまざまな環境による影響を受けてゆっくりと劣化が進む。予防保存の目的は、資料が移動する先の全ての場所の環境を整備することによって、環境が資料に与える悪影響を軽減し、資料が劣化する速度を抑えることである。

　具体的には、温度や相対湿度変化の安定化、窒素酸化物やホルムアルデヒドなどの汚染空気の排除、材質に応じた照度の設定と紫外線など有害な光放射の排除、資料を食害する害虫や腐朽させる黴などの生物の駆除、輸送に伴う振動や衝撃の軽減対策、自然および人的災害に備えた防災対策、資料の保安対策などである。予防保存を効果的に行うには、モニタリングによって現場の環境を科学的に把握し、データの解析・評価を行い、対応策の立案、そして現場へのフィードバックなど、一連の作業が必要となる。全館的な取り組みとして環境整備が行えるように、保存の専門家または担当職員と施設関係職員との連携を密接にし、そこから具体的な方向性を示すと同時に、常に職員の関心を喚起できるような取り組みからはじめる必要がある。

　予防保存については、第3章で詳しい解説を行う。

修理保存（Remedial Conservation）

　修理保存には、対症修理、本格修理、応急修理がある。それらはいずれも、資料のオリジナル部分を失わないために行う処置である。

　本格修理という大手術を実施するまでに、通常は対症修理を施して安定化を図ったり、展示を制限して傷みの進行を抑制したりするのが

一般的である。対症修理をきめ細やかに行うことにより、資料に致命的な傷みが生じないように予防することができる。しかし、もはや対症修理による処置では安全に取り扱うことが困難なレベルになった時には、本格修理を行うことになる。資料の公開の可否を判断する上では、資料を安全に取り扱えるかどうかが重要な要件になる。軽微な損傷が大きくならないように、速やかに対症修理を施すことが、資料の安全な取り扱いを保証しつつ、積極的な公開を可能にする。本格修理によって資料の傷みを全て解決しようとすると、その時がくるまでに損傷が拡大して、回復不可能な状態になる場合がある。だからこそ日常管理として対症修理を施し、劣化の進行を遅らせる必要がある。ただし、その際には、今後の保存や将来の本格修理の支障にならない方法や材料を選択することが前提である。

　本格修理とは、対症修理では安定した状態を回復することが困難な状態、つまり対症修理を適用する範疇を超えた資料に対して、十分な時間と経費をかけて行う処置である。本格修理は事前の徹底的な状態検査、それに基づく修理材料と技術の選択、修理中のあらゆる記録の蓄積を必要とする。処置内容が資料の価値に重大な影響を与えることになる場合もあるので、慎重な対応が必要であり、関係者の総意に基づいて行われることが相応しい。

　応急修理は一時的な処置であり、特に本格修理を前提として行われることが多い。

　修理保存については、第4章で詳しい解説を行う。

〔3〕保存活動の優先順位

　公開と保存に関する活動をそれぞれ独立して考えることは、本質的に困難な事柄である。なぜならば、全ての博物館活動のあらゆる段階

で保存についての検討がなされ、資料の安全を図る努力がなされる必要があるからである。そのためには、保存の専門家あるいは担当責任者の存在が前提となる。資料の保全を意図した日常活動は、修理室や調査実験室のような特別な空間内での活動に限られるものではなく、先に示したように博物館内外のあらゆる場所において実践されなければならない。そしてそれは、何時でも、何処でも資料の保全を考え、資料を見守り、寄り添う「臨床的な仕事」である。

　資料を公開しつつ保存するためには、先に挙げた三つの要素、つまり「調査診断」「予防保存」「修理保存」に適切な経費と時間を配分して、保存全体の活動を組み立てることが必要である。適切な配分は施設それぞれで異なり、一様ではない。調査診断は現状を正しく認識し、評価するために優先して取り組む必要がある。博物館のように臨床的な活動を行わなければならない場所では、修理保存よりも予防保存をより優先的な課題と位置づけ、資料が移動するあらゆる場所の環境改善を図ることが重要である。そして、公開によって資料の損傷が進まないように、初期の段階で損傷を確実に安定化させる対症修理を実施することによって、資料自体に安全性が付与され、公開の機会を増やすことが可能になる。

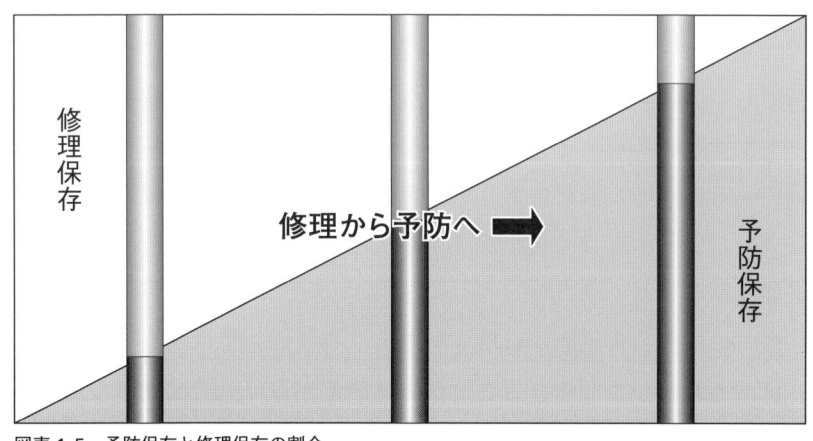

図表 1-5　予防保存と修理保存の割合

対症修理によって、公開に伴う資料の消耗を軽減しながら、本格修理に到達する時間をできるだけ遅らせることが、資料のオリジナルを保存するという観点からは極めて有効である。本格修理を行う段階に達した資料については、適切な時期に確実にそれを実施していかなければならない。活動の流れは調査診断、予防保存、修理保存の順に実施し、最終的には予防保存が活動の中心になるような目標を設定すべきである。

〔4〕必要なコスト

　資料の保存に必要な環境制御は、重要であるとともにコストがかかる仕事である。博物館施設には空調を24時間稼働させるところもあるが、稼働時間が9時間前後の施設も多い。大きな建築物を24時間空調した場合、高額な経費が必要となることを覚悟しなければならない。博物館として資料公開にかかわる活動を維持しつつ、高いレベルの保存環境を維持することは、全ての施設の目標である。しかし、現実は経費的な制約から、短時間の稼働に甘んじている施設も多い。
　一方で、最近の社会的情勢から、博物館は運営の活性化とエネルギー消費量の抑制という相反する課題の解決を求められ、その対応に苦慮している。空調に要する高額な経費と運営全体に影響するエネルギー消費量の抑制、どちらも適正な環境の維持に対して不利に働く要因である。一方、資料の劣化や損傷が深刻であればあるほど、修理に必要な経費は高額になる。さらに、そうした状態の資料が多いほど、必要な経費は益々膨らむ。
　資料の保全に真正面から取り組むと、必要な経費に対して実際に執行可能な経費が少なすぎることから、改善が遅々として進まない状況になることがしばしばある。そうなると活動に対する継続の意志が鈍

りがちになるが、いかなる状況におかれても、実践可能なことを一つ一つ積み重ねることが大切であり、その時のデータは確実に保管して将来に生かされるようにしなければならない。

　限られた財源の中で、効果的に目標を達成するための適正な経費配分は、環境や資料に対する正確な状況把握によってのみ可能になる。

〔5〕臨床保存学

保存の使命（Mission）
　文化財資料の保存に従事する者の使命は、「資料を保存、公開、継承していくために必要な技術、手段、思想を、予防保存あるいは修理保存などの具体的な実践を通して最大限に生かすこと、さらに保存に関する研究・開発、教育・普及あるいは資料の保存・継承を促進する社会的環境の改善を目指すこと」である。言葉を換えれば、もてる手段や考え方を最大限に使って保存を具体的に実践すること、そして関係者や一般社会に意識変革を促すことである。資料の保存は常に公開を意識し、公開は常に保存を意識するように、保存と公開は資料を継承するために必要な両輪のような存在である。こうした使命を具体的に意味づけるために、保存科学、文化財科学、考古科学、資料保存学、博物館学などの文化財資料保存に関連する分野が成立し、研究と保存の意義と実践についてさまざまな角度から説明している。

臨床保存学（Clinical Conservation Science）
　前述した使命を前提とするならば、保存担当者の役割は次のようになる。「収蔵資料の保存と公開、そしてそれらを未来に継承することを目的として、さまざまな劣化状態にある大量の資料に対する安全を確保するために、現実的な対処を的確かつ迅速に行うこと」である。

第1章　博物館における資料保存の意義　33

より具体的に述べると、実際に損傷をもつ資料に修理を施して安全を確保する「修理保存」と、輸送途中あるいは展示中の環境変化から資料の安全を確保する「予防保存」の実践である。前者が目に見える危険への対処、後者が目に見えない危険を回避する対処である。こうした具体的な対処により、資料が安定した状態に移行することを支援し、博物館事業の質を資料にとって安全なレベルへ転換する。博物館のさまざまな事業と広く、深く連携し、あらゆる場面での安全の向上を図るために、博物館事業と保存活動とが不可分の関係になることである。

　博物館で働く保存専門家は、常に資料に寄り添い、その状態を観察し、資料の安全と安定化に備えることが仕事である。ここに臨床的対応、つまり「臨床保存学」の必要性が存在する。

包括的保存（Primary Care）

　保存という言葉からは、資料や環境の状態診断、収蔵庫や展示場での環境保全、資料の状態に対応した修理など、保存的側面が強い取り組みを連想する。しかしながら、資料は公開によって存在と価値が認識できるものであり、そこから保存についての意識も生まれ、広がる。したがって、資料の公開を行う場合には、対象となる資料が保有する歴史的価値、美術的価値が損なわれることがないよう、鑑賞者にそれらの価値が最大限に受け止められるような環境や資料の状態を整える必要がある。つまり、保存と公開とは不可分の関係にあるので、保存は常に両者を意識しながら活動を行うことになる。

　臨床保存学では、資料の保存と公開の立場に立った活動を基本原理とし、そのために初期段階における保存処置の効果的な実施、必要に応じた修理保存の確実な保証、という原則を踏まえた取り組みが必要である。こうした原理に基づく保存を「包括的保存」といい、それは全体を見通した保存、包括的な保存を意味し、「プライマリ・ケア（Primary care）」とも呼ぶ。

意識変革（Reform of Sense）

　一つの機関で、保存の分野に割りあてられる専門家あるいは担当者の人数は決して多くはない。収蔵品数、展示面積、収蔵面積が他の施設と比べてどんなに小さくても、一人しかいない専門家あるいは担当者からみれば、膨大な数量であり、広大な面積である。作業開始当初は、長期的見通しをもった計画を立案し、それに従って少しずつ具体的な活動を開始していくが、やがてわずかな少人数の専門家だけで全ての空間と資料を把握することは不可能であることを自覚するようになる。その時に必要なことは、自分たちでできることだけに対象を限定してしまうのではなく、他の部署の職員にも部分的な役割を担ってもらうことによって、不足するマンパワーを補う手立てを考えることである。そのためには、専門家あるいは担当者自らが職員とともに保存を実践する自覚をもつこと、そして保存に対する職員の意識を高め、全体で使命を共有できるように啓発的、教育的な配慮を行うことである。持続的な保存を確実にする唯一の手段は、自らも含め、職員全体の意識変革が広がることである。

第4節　職業倫理

〔1〕ICOM 職業倫理

「ICOM」（International Council of Museums；イコム、国際博物館会議）は、世界137か国（地域を含む）から約3万人の博物館専門家が参加する、1947（昭和22）年に創設された国際的な非政府機関である。ICOM には、国別に組織された114の国内委員会（National Committees）と、博物館のさまざまな専門分野に即して組織された31の国際委員会（International Committees）がある。定期的な年次会合を開催し、情報交換や知識の共有が図られている。

ICOM 職業倫理規定（2004［平成16］年10月改訂）は、世界中の博物館のために示された最低限の基準であり、そこで働く人々に対して示された職業的実践のための基本理念である。それぞれの国によって、ここに示された最低基準の受け止め方はまちまちで、法律で規定されている国もあれば、そうでない国もある。また、「認可」あるいは「登録」などによって最低基準に関する指導を行う国もある。ICOM 職業倫理規程は以下に示すように、8項目から成り立っている。

ICOM 職業倫理規定
1. 博物館は人類の自然・文化遺産のさまざまな側面を保存し、解釈し、促進する。
    ・施設の地位
    ・物的資源
    ・財源
    ・人員

2. コレクションを信託を受けて保有する博物館は社会の利益と発展のためにそれらを保管するものである。
   - 収蔵品の取得
   - 収蔵品の除去
   - 収蔵品の管理
3. 博物館は知識を確立し深めるための主要な証拠を持つ。
   - 主要な証拠
   - 博物館の収集と研究
4. 博物館は自然および文化遺産を鑑賞し、楽しみ、理解し、管理する機会を提供する。
   - 陳列と展覧会
   - 他の資源
5. 博物館の資源は他の公的サービスや利益の機会を提供する。
   - 鑑定サービス
6. 地域社会との密接な協力のもとに行う博物館の業務。
   - 収蔵品の起源
   - 奉仕される地域社会への敬意
7. 博物館は法律に従って事業を行う。
   - 法的枠組み
8. 博物館は専門的に事業を行う。
   - 専門職的行動
   - 利害の衝突

　博物館専門家とは学芸員、保存修復専門家などが含まれるが、それぞれに職業倫理あるいは行動規範が形成されている。しかし保存修復専門家に対して、「建築士」や「医師」のような公的資格制度をもつ国は少なく、したがって誰もが貴重な資料を扱える状態にあるため、より一層の倫理的な規範の明確化が求められているのが現状である。

〔2〕文化財保存修復学会の行動規範

　わが国の保存修復専門家の多くが所属する文化財保存修復学会が、2008（平成20）年7月8日に制定した「文化財の保存にたずさわる人のための行動規範」は、前項で示したような世界的な流れを受け、かつ日本学術会議が示した科学者の不正行為に対する強い危機感から定めた「科学者の行動規範について」を手本にしている。専門家であるが故に、より公正・明朗な行動をとる必要があることが謳われている。以下、その全文を紹介する。

文化財の保存にたずさわる人のための行動規範

前文
　文化財は人や自然が作り出した、芸術的、歴史的または学術的に価値の高い有形、無形の遺産である。われわれは人類が共有するかけがえのないこの遺産を、自分たちの世代において活用するだけでなく、将来の世代のために保存しなければならない。文化財保存修復学会はそのため、文化財の保存と活用にかかわる科学・技術の発展と普及を図ることを目的とする。この目的を果たすため文化財保存修復学会会員は、専門家として責任を果たすとともに、社会の一員として社会の安全と安寧、人類の健康と歴史・文化および自然環境に対する責任を有することを自覚して行動する。また教育や普及などを通じて文化財の保存への理解を広め、この分野の発展につくす。
　これらの認識の下に、文化財保存修復学会はここに行動規範を制定し、会員が守るべき規範とする。同時にこの行動規範は、広く文化財の保存にたずさわる人が守るべき規範となりうると信ずる。

1. 文化財への敬意

　　文化財保存修復学会会員は、文化財が人類の貴重な遺産であることを認識し、文化財への敬意を持って調査・研究、公開、保存・修復処置を行う。

2. 文化財の価値の尊重

　　文化財保存修復学会会員は、調査・研究、公開、保存・修復処置にあたっては、文化財の芸術的、歴史的または学術的価値を損なわないように、適正な方法や材料を検討して選択する。

3. 安全性の確保

　　文化財保存修復学会会員は、調査・研究、公開、保存・修復処置において用いる方法と材料などに、文化財に対して安全であり、かつ人間の健康や環境にも配慮して適正であるものを選択する。

4. 保存環境の重視

　　文化財保存修復学会会員は、文化財の長期的保存には保存環境の整備がもっとも重要であることを認識し、文化財にとってより良い保存環境の実現に努める。

5. 自己の研鑽

　　文化財保存修復学会会員は、学会活動や教育・研修などの機会を通じて自らの専門的知識、能力、技術の維持向上に努めるとともに、その遂行において最善をつくす。

6. 専門家との協力

　　文化財保存修復学会会員は、文化財の保存が芸術・歴史・文化・自然科学など多くの分野にかかわることを自覚し、調査・研究、公開、保存・修復処置において、積極的に他の専門家の協力を求める。

7. 他者との関係

　　文化財保存修復学会会員は、他の専門家に対して誠実さと敬意

を持って接し、他者の成果を適切に批判すると同時に、他者からの批判には謙虚に耳を傾け、この分野の発展に努める。

8. 記録の作成・保存・公表

　　文化財保存修復学会会員は、調査・研究、保存・修復処置にあたっては、信頼性を確保しつつ適正な記録や報告書を作成し、適切に保存・管理するとともに、公表に努める。

9. 法令の遵守

　　文化財保存修復学会会員は、調査・研究、公開、保存・修復処置にあたっては、関係する法令や関係規則を遵守する。また他者の知的成果、知的財産権を尊重し、これを侵害しない。

10. 行動規範の遵守

　　文化財保存修復学会会員は、この行動規範を遵守し、他の会員にもそれをうながす。

第5節　資料保存を支える専門家

いわゆる学芸員と呼ばれる専門家とは別に、調査・診断、予防保存、修理保存などを専らとする実務者あるいは研究者は、保存科学、文化財科学、文化財保存学、文化遺産学の専門家といわれる。彼らは、理工系などの自然科学分野、あるいは人文・芸術系などの人文社会科学分野など、学業においてさまざまなキャリアをもつ人々であり、分野横断的な知識・経験や技術が必要とされる博物館資料保存の分野で必要不可欠な人材である。

〔1〕公開施設

博物館、美術館、図書館などの公開施設では日常的な資料管理の点から専門家の存在は不可欠である。資料保存を支える専門家が、少なくとも一機関に一人が配置されていることが望ましいが、現状では配置されている機関の方が少なく、むしろ珍しい状態といえる。世界的な傾向は各国の事情からまちまちであり、必ずしも統一的に見ることはできない。しかしながら、資料の日常管理あるいは本格修理が実施できる機関の数や規模に関して、わが国の状況は先進諸国の中では劣っている。近年、現場での日常管理の重要性が少しずつ認識され、極めてゆっくりとしたペースではあるが、数年に一機関の割合で増えている。専門家がいる代表的な施設は下記の通りである。

　北海道開拓記念館
　岩手県立博物館
　東北歴史博物館
　福島県立博物館

大学共同利用機関法人人間文化研究機構　国立歴史民俗博物館
　　独立行政法人国立文化財機構　東京国立博物館
　　森美術館
　　国立国会図書館
　　国立公文書館
　　宮内庁書陵部
　　山梨県立博物館
　　愛知県美術館
　　三重県立美術館
　　三重県立博物館
　　大学共同利用機関法人人間文化研究機構　国立民族学博物館
　　宮内庁正倉院事務所
　　兵庫県立美術館
　　独立行政法人国立文化財機構　京都国立博物館
　　独立行政法人国立文化財機構　九州国立博物館

〔2〕研究機関

　研究機関とは、動産文化財あるいは不動産文化財など、資料保存にかかわる調査研究を実施する専門家を多数抱え、基本から応用研究まで実施する機関である。国内の代表的な研究機関である東京文化財研究所は絵画、彫刻などの動産文化財、奈良文化財研究所は遺跡などの不動産文化財を主な対象としている。また、国外の例としては、ローマにある国際文化財保存修復センターは、博物館などで実務に従事する職員を教育する機関である。国内の資料保存にかかわる主な研究機関は下記の通りである。

　　独立行政法人国立文化財機構　東京文化財研究所

独立行政法人国立文化財機構　奈良文化財研究所
国際文化財保存修復センター（International Centre for the Study of the Preservation and Restoration of Cultural Property, ICCROM）

〔3〕学術団体

　資料保存に関する国内学会、国際学会、関連団体は下記の通りである。一般社団法人文化財保存修復学会の創設は1933（昭和8）年で、この分野における草分け的な存在であり、わが国の学術団体による研究体制は比較的早くに確立しているといえる。
　一般社団法人　文化財保存修復学会
　日本文化財科学会
　国際文化財保存学会（International Institute for Conservation of Historic and Artistic Works, IIC）
　東アジア文化遺産保存学会
　全国美術館会議
　全国歴史資料保存利用機関連絡協議会
　歴史資料ネットワーク
　全国歴史民俗系博物館協議会

〔4〕専門機関

　わが国の文化財資料に関する行政は、文化庁を頂点とし、各県の教育委員会との連携によって実施される。さらに国際関係機関も加わり、国際的な動向に立脚した施行がなされる。以下に示す機関は、行政および国際連合教育科学文化機関（UNESCO）に属する組織である。

文化庁文化財部
　国際博物館会議（International Council of Museums, ICOM）
　国際博物館会議日本委員会
　国際記念物遺跡会議（International Council of Monuments and Sites, ICOMOS）
　日本イコモス国内委員会（JAPAN/ICOMOS）

〔5〕教育機関

　近年、大学において文化財資料保存に関する教育を実施するところが多くなっている。専門家養成に特に力点をおく大学もある。主な大学は下記の通りである。
　奈良大学文学部文化財学科
　京都造形芸術大学芸術学部歴史遺産学科
　東北芸術工科大学芸術学部美術史・文化財保存修復学科
　別府大学文学部史学・文化財学科
　東京藝術大学大学院美術研究科文化財保存学専攻
　東京学芸大学教育学部環境総合科学課程文化財科学専攻
　筑波大学大学院人間総合科学研究科世界遺産・世界文化遺産学専攻

〔6〕民間団体

　さまざまな民間団体が存在し、わが国の資料保存の分野の活性化を支援する役割を担っている。公益法人、NPO法人による活動は説明責任を伴い、公的機関に次ぐ組織として透明性の高い活動が求められる。国内の資料保存にかかわる主な民間団体は下記の通りである。

公益財団法人　日本博物館協会
公益財団法人　文化財保護・芸術研究助成財団
公益財団法人　文化財虫菌害研究所
NPO法人　文化財保存支援機構

参考資料

- 井出洋一郎『美術館学入門』明星大学出版部、1993
- Timothy Ambrose／Crispin Paine 著、日本博物館協会訳『博物館の基本』日本博物館協会、1995
- 文化財保存修復学会編『文化財の保存と修復 2 ──博物館・美術館の果たす役割』クバプロ、2000
- 大竹秀実／二神葉子「欧米における文化財の修復士──イタリアにおける〈文化財修復士〉資格を中心に」保存修復科学センター『保存科学』No.43、pp.133-145、東京文化財研究所、2004
- 「ICOM 職業倫理規定」国際博物館会議、2004.10
- 「科学者の行動規範について」日本学術会議、2006.10
- 神庭信幸「プライマリ・ケアと臨床保存学」東京国立博物館文化財部保存修復課編『博物館における保存学の実践と展望──臨床保存学と 21 世紀の博物館：国際シンポジウム報告書』東京国立博物館、pp.104-116、2007
- 佐々木利和／松原茂／原田一敏編『博物館概論』放送大学教育振興会、2007
- 日高真吾／園田直子編『博物館への挑戦──何がどこまでできたのか』三好企画、2008
- 文化財保存修復学会編『文化財の保存と修復 10 ──博物館の役割と未来』、クバプロ、2008
- 神庭信幸「臨床保存学の確立をめざして」文部科学省『文部科学時報』2008 年 3 月号、ぎょうせい、2008
- 「文化財の保存にたずさわる人のための行動規範」文化財保存修復学会、2008.7
- 神庭信幸「東京国立博物館の臨床保存」(発表)、《東アジア文化遺産保存学会第 2 回大会》中国・フフホト、2011
- 沖本明子／福永香／碇智文／神庭信幸／土屋裕子／荒木臣紀／和田浩／鈴木晴彦／米倉乙世「テラヘルツ波イメージングの一事例──柳橋水車図屏風（東京国立博物館蔵）の修理前調査を例として」文化財保存修復学会大会実行委員会編『文化財保存修復学会第 33 回大会研究発表要旨集』、pp.110-111、文化財保存修復学会、2011
- 荒木臣紀／和田浩／神庭信幸／相田健二「文化財分野におけるデジタルエックス線撮影の現状と課題」文化財保存修復学会大会実行委員会編『文化財保存修復学会第 33 回大会研究発表要旨集』、pp.292-293、文化財保存修復学会、2011

第 2 章　環境と資料の状態診断

第1節　資料の保存公開と環境の関係

〔1〕リスクの集中と予防

　文化財資料は、人類が営々と築き上げた知識と経験を記憶している遺産である。それは、人類の歩みを振り返る時の指標であると同時に、新たな創造の糧であり、豊かな未来を築くためには必要不可欠な存在である。それ故に、将来にわたって継承され、有効に活用されなければならない。そして博物館は、資料に備わった美術的、歴史的価値を体系的に研究しつつ、物質的なモノそのものの保存と公開を具現化する中核の場となる必要がある。

　資料が博物館に保有される以前、それは個人や団体によって個別的に保管されてきたものである。もしも、個々の日常管理が的確に行われるならば、離れた場所にある資料に生じる損傷が互いに関連する可能性は極めて低く、まして同時に発生することは考えにくい。この状態はリスクの分散を意味している。一方、個別の管理を離れ、博物館という同じ環境下で保管されるようになると、損傷の発生が同時多発的に生じる可能性が高まる。つまり、リスクの集中が起こることになる。

　博物館が大量の資料を保有しつつ、長期の保存を確実なものとするためには、資料の集中がつくり出すこの潜在的なリスクを認識し、資料の保存にかかわる環境整備に積極的かつ計画的に取り組まねばならない。これまでこうしたリスクの存在が理解されてこなかったわけでも、軽減の努力が行われなかったわけでも決してないが、それらは断片的かつ個別的に過ぎたといえる。今日の博物館は大切な資料の継承と活用の中核の場としての役割を果たすためにも、リスクの総体を認

識すること、そしてリスクを低減する手段を組織的に保有する必要がある。

〔2〕劣化の原因と劣化に至る時間

　資料を危険な状態に導く原因は、劣化や損傷の状態が確認できるまでに要する時間によって、10年から100年の「長期的な作用」、1年から10年の「中期的な作用」、1年以下の「短期的あるいは瞬間的な作用」の三つのカテゴリーに分けることができる。これら三つの作用それぞれの相違点を理解することが、適切な対処につながる。

長期的な作用─経年変化、温湿度、光放射、利用、修理
　長期的な作用によって現れる劣化あるいは損傷とは、10年から100年程度の長期間にわたって原因が継続する時に発生する資料の傷みである。影響は長い時間をかけて資料に蓄積され、その結果として劣化は徐々に進行する。人間がその変化の過程を認識し、対処するにはあまりにも緩やかな変化であるため、多くの場合、結果が明らかになってからはじめて原因とそれによる影響を認識することが多い。この長期的な作用は、人間が最も不得意とする知覚の対象である。

　資料は物質から成り立っているため、経年変化によって徐々に劣化し、いずれは当初の形態を失うことになる。この経年的な劣化は、自然崩壊と、ごく微弱ではあるが崩壊を促進する人為的な要因とが影響しているが、劣化原因として両者をはっきりと識別することは困難である。したがって、現在に至る劣化の過程で主たる原因が何であったかを確定し、さらにこの先の変化をはっきりと予測することは難しい。具体的には、温湿度の変化、高温高湿、展示の度に照射される照明、掛け軸や巻物のように繰り返し利用されることで生じる摩擦など、こ

れらの原因が複合的かつ長期的に作用することによって資料は劣化する（図表 2-1）。

　温湿度の変化は含水率の変化を促し、それによって作品の膨張収縮が生じて機械的な劣化が促進される。高い相対湿度と温度は材質の化学的劣化を促進させる。照明によって、染料の退色、繊維の脆弱化、紙の黄化など光化学反応が生じる。化学的な作用力をもつ紫外線を含んだ光源も同様な変化をもたらす。赤外線を放射する光源は資料を熱するために、含水量に変化が生じて形状変化を招く。さらに、周辺の空気の気温を上昇させ、資料の含水量を減少させることになる。こうした繰り返しは資料の膨張収縮を招き、機械的な劣化へと導く。1年程度の短期間に資料に生じる変化を認識し、定量化することは極めて困難なものである。

　100年から200年の単位で繰り返し行われる修理の工程には、クリーニング、裏打ちなどの処置が含まれるが、絵具や紙などのオリジナル部分は極わずかではあるが保存処置によっても影響を受ける。修理もまた資料に影響を与える要因なのである。しかしながら、経年変化によって劣化した資料の取り扱い上の安全を回復するには、修理以外の選択肢がない場合も多い。沢山の資料が修理によって今日まで伝えられていることは事実であり、その意味は大きい。確実にいえることは、修理という方法をもってしてもオリジナル部分を完全に残すことはできないということ、そして修理もオリジナルに影響を与え得る行為であるということである。

　資料を構成するオリジナルの材料自体が原因となって、劣化が進行することがある。黒色の染織品に見られる繊維の粉状化は、染色の時に使用された鉄媒染が影響したものであると考えられている（図表 2-2）。また、岩緑青（マラカイト）を使用した部分の紙が茶褐色に変化し、脆弱化する緑青焼けという現象がある。いずれもオリジナルの材料による影響であるため、修理によって現状維持を図ることしか

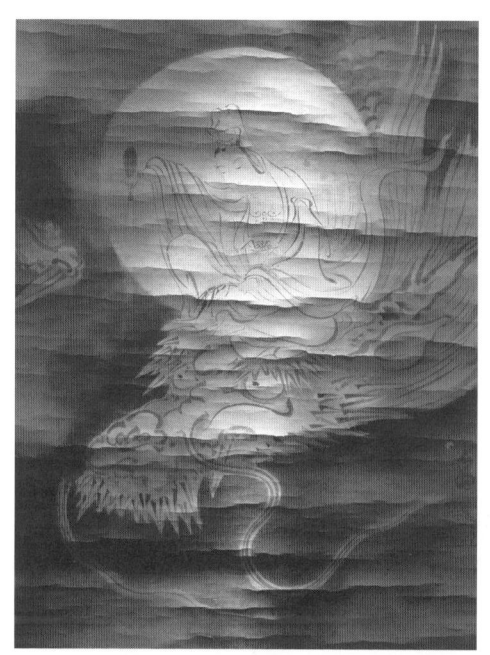

図表 2-1　繰り返し行われた利用のため、掛け軸の本紙に生じた折れ山と断裂

図表 2-2　鉄を含む媒染材の影響により劣化したアイヌの染織品「チウカウカプ」（p.178 参照）

第 2 章　環境と資料の状態診断　51

対処の方法はない。

中期的な作用——生物劣化、汚染物質、修理材料

　中期的な作用によって現れる劣化は、1年から10年程度の期間にわたって原因が持続することにより発生する劣化のことである。館外から有害な生物が侵入または持ち込まれ、館内の温湿度が繁殖に適した条件に一致した時、それらは繁殖する。もしもそのような条件を満たす期間が続くことになると、資料は高い確率で黴あるいは害虫の脅威にさらされることになり、材質劣化が進行する。これを生物被害という。資料や保存箱の表面に発生した黴や害虫は変化の様子を肉眼で確認できるので、即応的な殺黴・殺虫などの処置は可能である。しかし、侵入あるいは搬入経路の遮断、館内の清掃、温湿度環境の整備などの本質的な対応がとられない限り、問題を繰り返すことになる（図表2-3）。

　屋外の大気中に含まれる塵埃（じんあい）や煤煙（ばいえん）などの空中浮遊物質が、空調機を通して収蔵庫内に取り入れられると、浮遊物質が庫内や資料表面に徐々に堆積して汚染する。そこに含まれる浮遊物質が化学作用を及ぼす可能性もあるので、単なる埃（ほこり）の堆積と考えてはならない。展示室や収蔵庫に持ち込まれる建材や棚などの内装材料が有害な揮発性物質を放出することがある。たとえば、新しいヒノキ材のように油成分や樹脂を大量に放出する木材が室内で使用されると、そこから放出された物質が資料表面に付着して被害を与えることがある。また、ホルムアルデヒドなどを多量に含む合板や酸性紙を用いた箱の中では、資料は強い化学的影響を受け、劣化する。これらが空気汚染物質による影響である（図表2-4）。

　また、安定性が確認されていない合成樹脂を修理材料として利用すると、合成樹脂の劣化に伴い数年後に変退色、硬化、変形などが生じることがある。たとえば、資料の表面に皮膜状に残った樹脂が茶褐色

図表 2-3　保存箱の表面に発生した白斑状の黴

図表 2-4　クリーニング途中の汚染物質が付着した清時代の七宝の表面

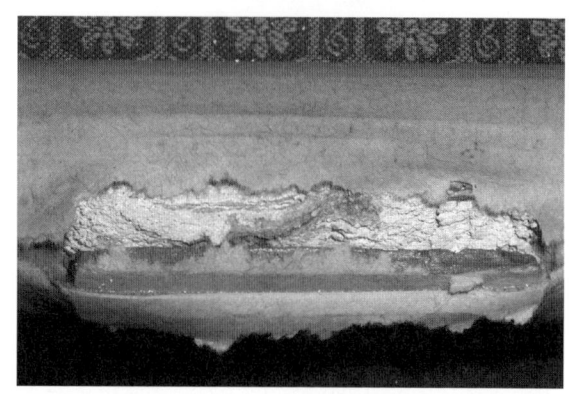

図表 2-5　軸木に埋め込まれた鉛の錘が腐蝕し膨張した結果、錆が軸木から飛び出し作品を損傷した例

第 2 章　環境と資料の状態診断　53

に変化し、さらに収縮して絵具層を持ち上げるなど、修復材料によって資料が劣化することがある。修理材料の選択を間違えたために発生した損傷の具体例として、掛け軸の軸木に鉛製の錘(おもり)を埋め込んで軸を重くした時代が過去にはあったが、鉛が木材の成分とゆっくりと反応して錆(さ)びた結果、軸木から錆の塊が噴出して資料に穴を開けてしまった実例がある。白い錆を分析すると、鉛が鉛白に変化していた。この変化に数十年の時間を要したと推定される（図表2-5）。

短期的なあるいは瞬間的な作用—自然災害、輸送、盗難、発掘

短期的な作用によって現れる劣化とは、劣化の原因が短期間持続するだけで発生する損傷、または瞬時に発生するような損傷のことで、事故により生じる損傷も含まれる。

地震、火災、水害などの災害によって強い影響を受けた場合、資料に生じる被害をある程度は覚悟しなければならない。日ごろの訓練と備えが被害を最小限に抑える有効な手立てであるが、災害は予想を越えて発生するため完璧な備えは難しい。1995（平成7）年の阪神淡路大震災、2011（平成23）年の東日本大震災では、膨大な文化財資料が転倒や津波によって瞬時に被災した。洪水や津波で被災した資料は、被災後の保管環境が不適切な場合、黴やバクテリアによる腐朽が短時間で進むため二次被害の危険性がある。

東京国立博物館は、毎年他館からの依頼によって1000件前後の資料を貸し出している（2011［平成23］年度実績は件数122機関865件）。一方、特別展の開催のために他館から数百件の資料を借用する。東京国立博物館だけでもこれだけの数量であり、地球規模で考えると莫大な数量の資料が輸送されていることになる。資料に損傷が生じるのは、輸送中とその前後の梱包作業時が多い。輸送中の損傷は、人の手、トラック、空港内のドーリーなどによって運ばれる時に多く、梱包ケースの落下や振動が原因と考えられる。通常は資料に振動や衝撃

の影響が見られない場合が多いが、実際には何らかの影響が蓄積されていることを忘れてはならない。特に大型の資料、重量のある資料には注意を要する。破片を接合した土器や埴輪の場合には、接合箇所そのものより、その周辺が壊れやすい特徴をもつ（図表 2-6）。接着剤あるいは補填材料と本体との強度の相違が原因であると考えられる。梱包作業時に発生する損傷の原因として、資料の出し入れの際の擦れ、落下、衝撃などがある。目的地に到着後の梱包ケースを、その場所の環境に馴化させる前に開梱すると、急激な環境変化のために変形や彩色塗膜の剥離などが生じる可能性がある。最近では少なくなった船舶での輸送は、赤道付近の通過の際に梱包ケース内が蒸れたり、結露が生じたりすることによって、黴が発生することがある。

　盗難によって資料に激しい損傷が残ることも多い。犯罪行為の最中に資料の一部が損傷したり、切断などの意図的な損傷を加えられたり、あるいは売買のために元の形態が失われてしまうなど、破壊につながる危険性は極めて高い。盗難事件を発生させないためには、保安体制の確立が基本である。

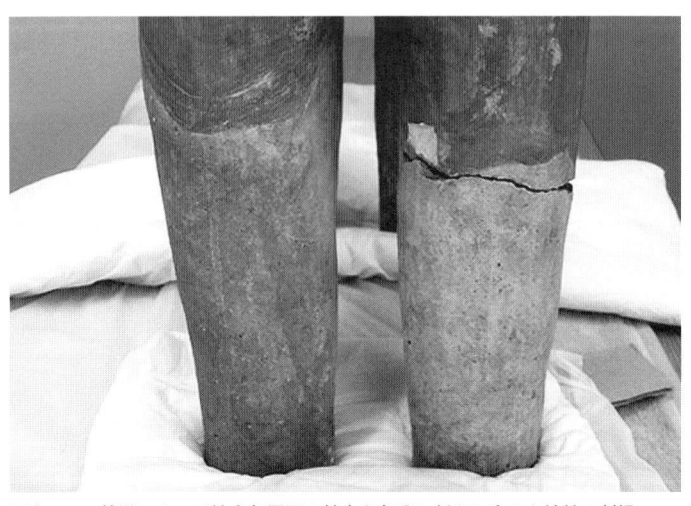

図表 2-6　輸送によって接合部周辺の健全な部分に新たに生じた埴輪の割損

特殊な事例として、発掘によって出土した遺物資料は、大気と接触すると同時に急速な劣化を生じる。木製遺物は数百％の水分を含んでいるので、樹脂などを含浸して水と入れ替えない限り、乾燥とともに急激な収縮と変形を起こす。金属遺物は出土と同時に空気中の酸素と反応して、表面の腐蝕が急速に進む。

第 2 節　環境をモニタリングして状態を評価する

〔1〕モニタリングの対象を明確にする

　資料の劣化に関与する環境因子はさまざまであるが、特に強い影響を与える因子に絞って注目し、それぞれに適した測定方法を導入しながら、それらの状態の変化を長期間にわたり計測することをモニタリングという。前節の「劣化の原因と劣化に至る時間」のところで示した三つのカテゴリーに対応する温湿度、光放射、空気汚染物質、生物、振動が、博物館施設におけるモニタリングの基本的な対象である。

温度および相対湿度
　温度および相対湿度を略して温湿度と呼ぶ。温湿度の監視と記録には、(a) 施設内の空調を司る中央監視室に結ばれた空調センサーによって行う方法、(b) 小型の温湿度データロガー（図表2-7）を必要な箇所に設置して定期的にデータを回収して行う方法、(c) 毛髪自記録温湿度計（図表2-8）を設置して現地で読み取る方法がある。(a) は空調を制御するためになくてはならないセンサーであり、(b) はより詳細に環境を把握する場合に用いる。両者のデータはコンピュータで処理しやすいため、解析用に用いられることが多い。(c) はその場で値を直接読み取ることができるため現場での確認用に使用されることが多く、また (a) や (b) の精度を確認する目的で比較のために設置されることも多い。
　中央監視室のコンピュータメモリーに蓄積された (a) のデータは、1 か月毎に回収して整理する。小型の温湿度データロガー (b) に蓄積されたデータも、ひと月単位を基本としてデータをコンピュータに

読み込んで保存する。小型温湿度データロガーの中には無線を用いてデータの送受信が可能な機種もあり、館内 LAN と組み合わせて遠隔地からリアルタイムでデータを読み取ることができる。毛髪自記録温湿度計のデータ（c）は1か月毎に記録紙の交換を行い、回収した記録紙は整理して保存する。

　回収した生データは直ぐに館内の関係部署に回覧して、全体で現状への理解を共有して、深めることが望ましい。異常がある場合には、確認日時、地点、内容をメモとして残し、異常の発生原因を関係部署とともに検証する。（a）および（b）のデータは1年間の推移がわかるように各測定地点のデータ毎に整理し、翌年に全館の温湿度データをまとめ、温湿度の状態の適否によって館内を色分けしたハザードマップ（危険度情報地図）を作成するなどして、現状の理解が進むように周知を図る。

　日々の温湿度変化の推移を読みながら、必要に応じた対処が要求されることもしばしばある。空調の異常は旧年度のデータとの比較によって検出し、それに基づいて復旧および改善を行う。その他、日常的には、特別展開催時の温湿度の設定と管理、夏季の高湿期および冬季の低湿期に設置するポータブル型の除湿機や加湿機の設置時期、冬季に壁面に発生する結露対策、展示ケース内の湿度調整などデータを見ながら行う作業は

図表 2-7　温湿度データロガー

図表 2-8　毛髪自記録温湿度計

多い。中長期的には、得られたデータを基に改善すべき場所と環境を明らかにして、優先順位とともに提示する。

光放射

　照射する光の強度は照度（単位：lx、ルクス）で測定し、照射する光量は照度と照射時間の積である積算照度（単位：lx・h、ルクス時）で表す。展示照明の設計を行う際には、器具とランプの性能について資料保護の立場から検討する。特に、紫外線および赤外線の有無、演色性の程度、色温度など放射スペクトルと呼ばれる光の質について検討する（図表 2-9）。照明に関しては、継続的な測定もさることながら、初期の条件設定が重要であることから、展示作業終了直後に照度測定を実施して強度を適正な値にあわせる（図表 2-10）。照度を記録するデータロガーを使用した連続的なモニタリングも可能であるが、照度の値はほぼ一定で安定していると見なせることから、展示作業が完了した後に確実に展示照度の初期値を測定しておくことで目的を果たすことができる。

　この他に、来館者により見やすくかつ安全な環境を提供するために、

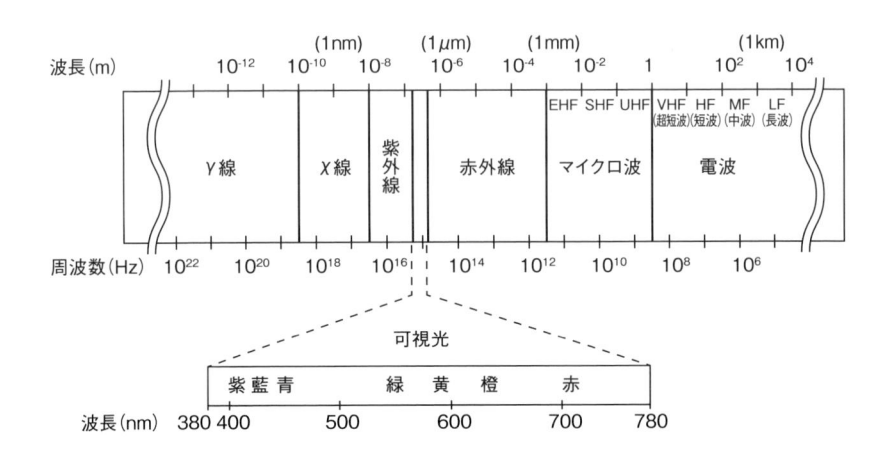

図表 2-9　電磁波と可視光

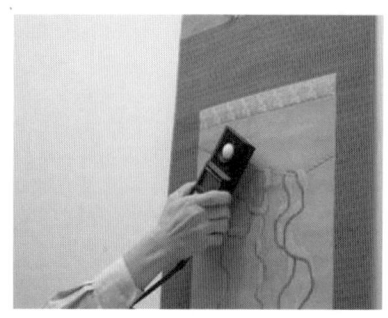

図表 2-10　照度の測定　　　　図表 2-11　パッシブサンプリングによる汚染物質の測定

展示ケースのガラスの透過率や低反射フィルムの使用などについても検討を行う。見やすい展示は、結果的に照度を低く抑えることにつながるため、資料保存には有効である。

空気汚染物質

　空気中に含まれる汚染物質による資料の汚損は、屋外彫刻や建造物だけではなく、屋内に展示・収蔵される資料にも及ぶ。屋外では酸性雨による腐蝕や浸蝕、博物館内では建築躯体、内装材料、収納容器から発生する有害物質による室内汚染と呼ばれる汚損、空調設備によって取り入れられた外気に含まれる汚染物質による汚損が考えられる。

　館内に流入して影響を及ぼす大気汚染物質としては、窒素酸化物（NOx）、硫黄酸化物（SOx）、光化学オキシダント、浮遊粒子状物質や砂塵などの塵埃、海水からもたらされる塩化物イオンなどが主要なものである。室内汚染物質としては、合板の接着剤、クロスや塗装などの内装材から放出されるホルムアルデヒド、アセトアルデヒド、酢酸、蟻酸、その他の揮発性有機化合物（VOC）、コンクリート躯体から放出されるアンモニアなどである。

　通常は上述した物質について測定を繰り返し、濃度の高い物質と発生源を特定する。発生源が判明した場合には、フィルターの設置や交換、吸着剤の設置、換気回数の増加などの処置を行って濃度の低下を

促す。根本的な解決には発生源の撤去が必要であるが、内装材や棚の場合は撤去・交換が不可能なことが多いため、対症的な処置となる。室内汚染物質の発生を軽減する確実な方法は、設置前に材質的な点検を十分に行うことである。

　汚染物質の測定には、ポンプを使用して採取した空気を分析するアクティブサンプリングと、薬剤つきのサンプラーを数週間から数か月間設置した後に回収して分析を行うパッシブサンプリングがある（図表2-11）。前者は瞬間値、後者は平均値を求めることになる。完成直後の施設ではアクティブサンプリング、平常時の継続的な計測にはパッシブサンプリングが適当である。また、使用する材料の安全性の試験方法として、対象となる材料が金属片に及ぼす影響を調べることによって影響を評価するオディテスト（Oddy Test）と呼ばれる方法があり、一つの参考になる。

生物

　害虫による食害や黴による汚染は、資料に対して回復不可能な被害を与える。有害生物は扉の隙間から、あるいは入館者について侵入したり、時には借用した資料に付着して運ばれることもある。館内の温湿度環境や栄養分を含む埃の堆積の量など、館内の条件が生物の成長に対して適当であれば、館内で繁殖する可能性がある。博物館施設で特に注意しなければならない害虫は表に示した通りである（図表2-12）。

　博物館内全域の生物モニタリングを行い、有害生物の生息に関する状況の把握に努めることが必要である。生息状況の把握には、生物トラップや黴測定装置を用いた定期的な定点観測法と、発見者からの報告の蓄積による推定とがある（図表2-13）。後者の場合は、館内で働くさまざまな職種の人々に趣旨を説明し、協力者の一員になってもらう必要がある。

測定結果から生物の生息数や種類の状況を確認し、増加傾向にあればその発生原因等を温湿度などの他の因子とあわせて分析して、必要な防虫徽処理の実施、あるいは侵入や繁殖を絶つための施設改善計画を立てる。同時に、来館者の飲食スペース、職員や作業員の飲食に対して考慮すべき事柄、そして生物発見時に取るべき行動等に関して、明確な指針を示すことも大切である。近年こうした手法は、IPM（Integrated Pest Management、総合病害虫管理法）と呼ばれる環境管理手法の一つとして説明されることが多い。本書では内容に応じて章を分けているので、具体的な対処法については第3章第1節「環境を改善して資料を保全する」の中で触れる。

害虫の種類	被害を受ける主な材質
①シミ　silverfish	紙（特に糊のついた部分）、毛織物、綿、麻、絹
②イガ　casemaking clothes moth	毛皮、毛織物、絹、綿、麻
③シバンムシ　anobiid	木材、紙、毛皮、毛織物
④ヒラタキクイムシ　powderpost beetle	木材、竹、藤
⑤カツオブシムシ　carpet beetle	毛皮、毛織物、絹
⑥チャタテムシ　booklouse	紙〈高湿度の場所。エサとなる徽が発生している可能性も高い〉
⑦ゴキブリ　cockroach	木材、紙、毛皮、綿、麻、絹〈雑食性〉

図表 2-12　主要な文化財害虫

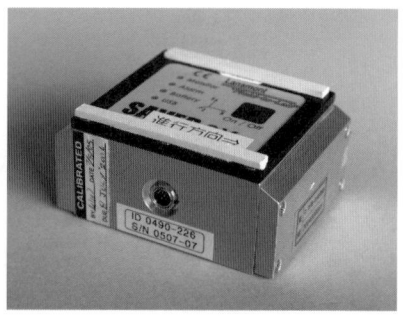

図表 2-13　トラップ法による生物生息調査の様子

図表 2-14　振動と衝撃を記録して保存する装置

振動

　資料に影響をあたえる可能性があるものとしては、輸送中に発生する振動以外にも、地震動、入館者の歩行・隣接する鉄道や道路・空調の噴出し口から送られる空気などによって発生する振動がある。

　輸送中の振動は、梱包ケース内に設置した小型の加速度計で測定する。振動の周波数や振幅、衝撃の加速度など、輸送中に得られたデータの解析によって振動の特徴を見つけ出し、梱包方法や輸送方法の在り方について検討する。精度の高い検討を行うためには、できるだけ多くの測定事例が必要である（図表 2-14）。万が一、輸送によって資料が破損した場合、梱包ケースに振動衝撃計がたまたま設置されていたとすれば、データから破損に強い影響を与えた輸送行程の検証を行うことが可能である。ただし、事故発生時刻が明確にならない限り、原因の特定が必ずしもできるわけではない。

　地震の場合は、免震装置、転倒防止器具、落下防止柵、木製保存箱などを利用して資料を保護することにより、被害を小さくすることができる。これらについては、過去の大地震でその有効性が実証されている。博物館の躯体を地震から護る対策としては、建物自体の免震化と床の免震化があり、既に幾つかの施設で実施されている。地震動の大きさは地震計で測定するが、実際にモニタリングしている博物館施設はほとんどない。通常、気象庁が示すデータに基づいて、地震動の大きさや揺れ方向を検証し、それによって地震対策を講じるのがほとんどである。そうした考え方で十分である。

〔2〕**最適化のために必要な指針**

　安全性に優れた保存と展示を実現するには、先に示した原因を排除または限りなく小さくする努力が必要である。そのためには、展示照

明の照度および積算照度、温湿度の設定レベルと変動、有害生物の生息状況、空気中に含まれる汚染物質の濃度、地震・火災・水害等に対する防災および減災対策、保安対策などについて具体的な目標値を設け、それを組織的に運用することが大切である。さらに、収蔵庫や展示室は安全な環境であると同時に、職員や来館者にとって利用しやすい施設でなくてはならない。安全性に裏打ちされた保存環境と優れたデザインが両立する空間を実現するには、具体的な指針や目標値を明示する必要がある。

温度および相対湿度

　温度は22℃を基準として、季節による緩やかな変化を伴いながら、年間を通じて18〜26℃（22±4℃）の範囲に収める。相対湿度は55〜60%を基準として、年間を通じて50〜60%（55±5%）ないし55〜65%（60±5%）の範囲に収まるよう努力する。55±5%は過去の履歴が比較的乾燥した環境の施設ないし資料、60±5%はそれに比べてやや高い履歴をもつ施設ないし資料に適用する。

　1日の変化を示す日較差はそれぞれ3℃以内、5%以内とするのが相応しい環境を実現するための目標値である。一方で、夏季の館内温度は日中の外気温にあわせて従来よりもやや高めに設定するように考える。それによって、館内外の極端な温度差による入館者の不快感を

【クラス1】	年間を通して湿度値が50〜60%の範囲内に収まるレベル。ほとんどの文化財資料が安全に保存される環境。
【クラス2】	年間を通して湿度値が40〜70%の範囲内に収まるレベル。時期によって危険性を伴うので注意を要するが、少しの工夫で【クラス1】になり得る可能性も有する。
【要注意】	【クラス2】の範囲にも収まらないレベル。年間を通して安定した時期が見られないのが特徴。大掛かりな改修を必要とする場合が多い。

図表2-15　相対湿度の値によって環境を3段階に評価

解消すると同時に、エネルギー消費量の抑制にも効果がある。相対湿度は四季を通じて一定の値を目標として調整を行うようにする。

　何らかの理由で温湿度を変化させる必要が生じた場合には、温度よりも相対湿度の安定を優先しなければならない。目標の範囲に収まらない湿度変動に対しては、目標値よりも一段緩やかな 40 〜 70％というレベルを設け、少なくともその範囲に収まるように努力する（図表2-15）。たとえば、相対湿度が 50 〜 60％にある環境をレベル 1、40 〜 70％にある環境をレベル 2 とする。環境の測定は毛髪自記録計とデータロガーを併用し、前者はその場で判断するため、後者は長期測定データを解析するために使用する。

照度および積算照度

　光に対する材質別の脆弱さを基本とし、それに応じた照度と積算照度を資料の分野毎に設定する。

		文化庁 1970年	ICOM 1977年	カルコンレポート 1977年	JIS 規格 1979年	G.Thomson 1985年	IES 1987年
光に非常に敏感なもの	染織品、衣装、タピストリー、水彩画、日本画、素描、手写本、切手、印刷物、壁紙、染色した皮革品、自然史標本	150 以下（特に脆弱なものは30日以内）	50	100（1日10時間、年間50日で積算照度 50000lx·h）	150-300（自然史関係標本は75-150）	50	50（1日8時間、年300日で積算照度 120000lx·h）
光に比較的敏感なもの	油彩画、テンペラ画、フレスコ画、皮革品、骨、角、象牙、木製品、漆工品	150 以下	150-180		300-750	200	75（1日8時間、年300日で積算照度 180000lx·h）
光に敏感でないもの	金属、石、ガラス、陶磁器、宝石、エナメル、ステンドグラス		特になし		750-1500		

図表 2-16　各機関が示す照度指針（単位はルクス）

積算照度は年間あたりの総量を規定することによって、照度は低くする分だけ時間を延ばすことができる。その範囲内での照度と照射時間にある程度の自由を与えている。ただし、規定された照度の値は最大値であり、それ以上に明るくすることはできない。時には、同一年度内で規定を超える積算照度を必要とする時に翌年度相当分から一部を使用し、先んじて使用した量は翌年度分から差し引くというやり方をとる場合もあるが、そうした判断は厳格になされる必要がある。

　最大照度と積算照度の値は、文化庁や国際博物館会議などから材質や分野別の指針として示されている（図表 2-16）。最大照度、積算照

1. 光に敏感な素材が用いられた作品	
浮世絵版画	50lx 以下・年 4 週間以内（年間最大積算照度 10,800lx·h）
染織	80lx 以下・年 8 週間以内（年間最大積算照度 34,560lx·h）
水墨、水彩を含む絵画	100lx 以下・年 4 週間以内（年間最大積算照度 21,600lx·h）
図譜、地図	100lx 以下・年 4 週間以内（年間最大積算照度 21,600lx·h）
書跡、古文書	100lx 以下・年 8 週間以内（年間最大積算照度 43,200lx·h）
彩色彫刻	100lx 以下・年 3 か月以内（年間最大積算照度 64,800lx·h）

ただし、実際の運用では、1 年半に 1 回の展示とし、期間をその分延長する場合もある。

2. 光に比較的敏感な素材が用いられた作品	
油彩画	150lx 以下・年 3 か月以内（年間最大積算照度 97,200lx·h）
漆工	150lx 以下・年 3 か月以内（年間最大積算照度 97,200lx·h）
木竹工	150lx 以下・年 3 か月以内（年間最大積算照度 97,200lx·h）
彩色のない木彫	150lx 以下・6 か月以内（年間最大積算照度 194,400lx·h）
骨角牙貝	150lx 以下・1 年以内（年間最大積算照度 388,800lx·h）

3. 光の影響を受けにくい素材が用いられた作品	
土器・陶磁器	300lx 以下・1 年以内（年間最大積算照度 777,600lx·h）
石器・石製品	300lx 以下・1 年以内（年間最大積算照度 777,600lx·h）
金属器	300lx 以下・1 年以内（年間最大積算照度 777,600lx·h）

ただし、刀剣は定期点検のため年 3 か月以内（年間最大積算照度 194,400lx·h）の展示とする。

図表 2-17　東京国立博物館における分野ごとの許容照度と展示期間。積算照度は照度と照射時間の積で、1 日あたりの照明時間を 9 時間として年間最大積算照度が見積もられている（2005 年 1 月 4 日現在）

度はともに許容の限界を示し、許容値の範囲内で照明設計と展示計画を作成する（図表 2-17）。

有害生物の生息

有害生物に関する環境管理の基本は、展示・収蔵空間に有害生物が近づかないように棲み分けが可能な空間をつくることであって、殺虫・殺菌・殺黴によって生物が生息しない環境を目指すことではない。

棲み分けの基本としては、屋外からの生物の侵入を抑制すること、害虫あるいは黴に汚染されていると考えられる資料や材料の持ち込みを行わないことの徹底が考えられる。しかし、何らかの形で有害生物が侵入してしまうことも想定しておかなければならない。日頃から有害生物が好む環境条件を軽減し、それらの生物が敬遠する生息しにく

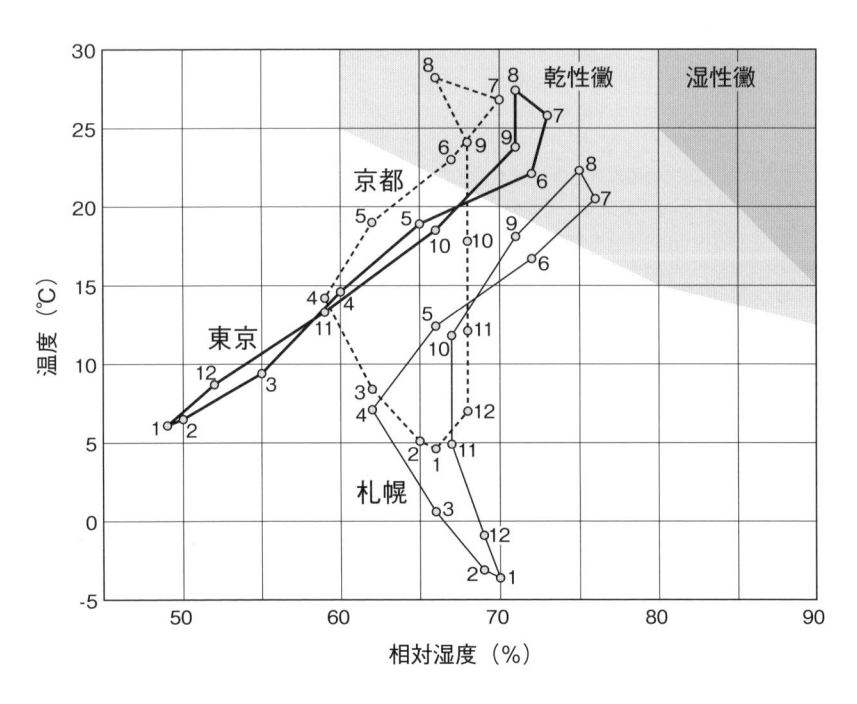

図表 2-18　クリモグラフ（東京、札幌、京都）。黴の生育と温湿度の関係を見ると、相対湿度が比較的低い環境を好む乾性黴と高い環境を好む湿性黴がある

い環境づくりを行うことが大切である。具体的には温度、相対湿度を適正な範囲に維持すること、微生物の巣になりやすい塵埃の堆積を避けること、食品や便所などに対する衛生管理を徹底することなどが指針となる。

縦軸が温度、横軸が相対湿度のグラフ上に月平均の温湿度をプロットしたものをクリモグラフといい、有害生物の発生と関係が深い年間の温湿度変化の推移を理解するのに都合がよい（図表2-18）。

汚染物質濃度

空気汚染物質は人体に健康被害をもたらすだけではなく、資料の材質を劣化、汚損する。したがって、空気中の汚染物質の濃度をゼロに

汚染物質	単位	短期の借用	長期の展示	長期収蔵
アンモニア（NH_3）	ppb	< 30	< 30	< 30
ホルムアルデヒド（HCHO）	ppb	< 80	< 40	< 20
蟻酸（HCOOH）	ppb	< 20	< 10	< 10
酢酸（CH_3COOH）	ppb	< 170	< 80	< 40

図表 2-19　空気汚染物質濃度基準のガイドラインの一例
　　　　　佐野千絵「美術館・博物館の空気質の現状と望ましいレベル・対策」『空気清浄』
　　　　　38(1)、pp.20-26、日本空気清浄協会、2000

汚染物質	単位	最大許容濃度
窒素酸化物（NO_x）	ppb	5
窒素酸化物（NO）	ppb	5
硫黄酸化物（SO_x）	ppb	5
アンモニア（NH_3）	ppb	5
塩化物イオン（Cl^-）	ppb	5
オゾン（O_3）	ppb	10
浮遊粉塵	mg/m^3	0.1
ホルムアルデヒド（HCHO）	ppb	50
アセトアルデヒド（CH_3CHO）	ppb	10
蟻酸（HCOOH）	ppb	10
酢酸（CH_3COOH）	ppb	50

図表 2-20　東京国立博物館の空気汚染物質濃度の目標値

することが理想的ではあるが、現実的には劣化が生じにくいレベルまで濃度をできる限り軽減することが指針となる。屋外から侵入する大気汚染物質は、一般的に建物内部の奥深く入るに従って濃度が低下する。一方、建物の建材などから放出される室内汚染物質は、建材の種類によって場所毎に濃度は異なる。大気汚染物質は侵入を防ぐ努力、室内汚染物質は発生源を除去する努力が基本となる。

　長期的な観点から、資料に対する影響が小さいと考えられるレベルとしては、アンモニアは 30ppb、ホルムアルデヒド 20ppb、蟻酸 10ppb、酢酸 40ppb などが提唱されている（図表 2-19）。東京国立博物館では、アンモニア 5ppb、ホルムアルデヒド 50ppb、蟻酸 10ppb、酢酸 50ppb を目標値（最大許容濃度）として適用し、全てのエリアにおいてこれを下回るように努力している（図表 2-20）。

振動

　資料に影響をあたえる可能性のある振動に対する指針としては、以下のようなことが挙げられる。

　まず、一般的にあまり意識されることがない振動として、空調機によるものがある。空調機の吹き出し口から送り出される気流の速度は、大きいと空調の効果は上がるが、資料に対して強い風圧が掛かることからできるだけ小さくすることが望ましい。資料の極近傍での流速が毎秒数センチメートル程度に抑えられていれば、資料には安全なレベルである。

　次に、日常的ではないが、必ず想定しておかなければいけないのが輸送時の振動である。輸送に使用するトラックや飛行機などの機材と、道路の路面状況など環境によって異なる。一般的にトラックはエアサスペンションの影響による 2Hz とエンジンなど他の影響による 10 〜 20Hz、飛行機は 10 〜 20Hz と 100Hz 近傍、人間の手持ちでは 4 〜 10Hz が垂直方向の特徴的な振動数で、資料の固有振動数とこうした

第 2 章　環境と資料の状態診断

振動数が共鳴しないことが重要である。衝撃の大きさは小さいに越したことはないが、少なくとも 2G 以下の加速度に抑えることが必要である。

そして、最も大きな影響が考えられるのが地震による震動である。地震への備えとして最初に行うべきことは、資料を転倒による損傷から守ることである。過去に発生した地震動の大きさや揺れの方向などのデータは気象庁から入手し、それに基づいて地震対策を検討する。

具体的な地震への対策として二次元免震装置の使用で、揺れに対する安定性を飛躍的に高めることができる。免震装置に用いる指針としては、1）阪神淡路大震災クラスの地震を水平加速度で 100 ガル（gal）以下に抑える、2）積載重量にかかわらず固有振動数が一定である、3）偏心加重が性能に影響しない、4）原点復帰に対する残留変位ができるだけ小さい、5）展示作業開始時には固定され、終了後は確実に固定が解除できる、6）維持管理にかかる時間や経費が少ないこと、などである。

また地震へ対する指針においては、資料ごとの転倒限界加速度を精査しながら対応する必要がある。免震装置を使用する場合でも、資料自体の転倒限界加速度が 300 ガル以下の場合には、免震装置上において転倒防止対策を施す。さらに、想定外の規模の地震に対応するために、フェールセーフ機構を装備しているものが望ましい。

転倒限界加速度	125gal	160gal	165gal	190gal	210gal	230gal	300gal
神戸波	×	×	×	○	○	○	○
十日町波	×	×	×	○	○	○	○
長岡波	×	×	×	○	○	○	○
小千谷波	×	×	×	×	×	△	○

×：転倒、△：転倒直前、○：転倒なし

図表 2-21　転倒加速度と免震装置の関係。免震装置に設置した転倒限界加速度が異なる 7 種の器物に、JMA 神戸、十日町、長岡、小千谷など 4 種の地震波を与えた場合の転倒の可能性

第3節　資料の調査診断と記録

〔1〕資料の状態を点検する

展示準備

　展示案を準備する時には、候補となる資料の公開時間が年間の枠を超えていないことを確かめた上で、候補資料をリストアップする。年間の公開時間枠とは、光、温度、相対湿度に対して資料を構成する素材が示す脆弱さに応じて割り振られた年間の公開日数をいう。当然のこととして、脆弱な素材で構成された資料ほど日数は少ない。

　次に収蔵庫の中でそれらを取り出し、安全な展示が可能な状態かどうかを目視観察により確認する。掛け軸ならば掛け緒と呼ばれる紐の強度、表具の糊離れ、裏打ちの浮き、絵具の剥離や剥落の可能性などについて細かく点検する。不具合が見つかった場合には、可能な限り専門家による事前の処置を行うことが望ましい。不具合の程度が大きい場合には展示を諦め、本格的な修理について検討をはじめる必要がある。

　不具合の程度にもよるが、館内で展示され、かつ資料の点検者が取り扱う場合には、安全な範囲で処置をしないまま展示されることもある。資料自体の点検と同時に、支持具や展示台など安全な展示を行うために必要となる展示補助具についても、資料の状態にあわせて検討する必要がある。たとえば、分厚い書物の展示の場合には、開くことが可能なページの位置を事前に確認し、必要な用具などを準備する。このような一連の点検や処置を行うためには、資料の過去の利用・公開に関する記録、これまでの資料の状態を記録した保存カルテが整備されている必要があり、更に処置を行うことができる修理の専門家が

身近にいなければならない。しかしながら、専門家が常駐する施設はほとんどないのが実情であることから、その場合には展示準備のための資料点検とは別に、日頃から定期的に資料の点検と処置を行う機会を設けることが大切である。

貸与・借用点検

　資料を他館に貸与する場合、借用者側に保管・展示環境に関する条件を伝えることによって安全性を高める努力をするが、基本的には貸与先の設備環境、取扱者は現状とは異なることを前提として対処することが大切であり、したがって資料が安全な状態であることが貸与の条件となる。

　借用を希望する側は、自らの能力で取り扱いが可能な資料であるか、移動展示に耐える状態であるかなどを事前の調査で確認しなければならない。確認の際には状態が記録できるよう、該当する資料の画像を出力したものなどを持参する。一方貸与側は、希望が示された資料の状態について事前の確認を行い、館内での利用やその他の施設への貸し出しなどについて確認のうえ、借用希望者に答える必要がある。このようにして、双方の確認で取り扱い上の安全が確認された資料に対して、貸与・借用の手続きをはじめることが可能となる。

　事前の調査で借用が困難と考えられる資料は、無理をしないで諦める判断をすることが大切である。特殊な資料に関しては、X線透過撮影などの科学的調査を事前に行う場合がある。たとえば、内部が空洞で心木によって支えられている脱活乾漆像等は、心木の状態が正常であるかどうかが移動の可否の重要な判断材料となる。また、古墳時代の青銅製鏡には、内部に肉眼では見ることができない大きな亀裂が存在する可能性もあるので、場合によってはX線透過撮影による確認が必要となる。

　資料を借用者側に引き渡す際には、貸与側は確認のための調書を用

意し、借用側と一緒に資料の状態を確認し、表面の傷や欠失箇所を調書に記録する。調書には資料の写真とメモ書きのできるスペースがあり、必要事項を順次記載する。点検と記載が完了したら、両者確認の上で調書に署名をし、コピーを借用者側に引き渡す。この時、借用者側が自前の調書を持参する場合があるが、何らかの都合で貸与者側の調書がない場合にはそれを両者了解の上で使用することになる。調書はそれ以後、返却までの間の借用当初の状態を記した証拠となるので、返却が完了するまで大切に扱う。調書に追記を行う場合には、その旨がわかるようにしておく。返却の際には、状態の変化の有無について調書を見ながら両者が確認し、返却を終える。今回使用した調書は、次回のために確実に保管しておかなければならない。

〔2〕資料の状態を診断する

本格修理

　展示や貸与などの際に行う点検によって、本格的な修理の必要性が認められた資料に対しては、あらためて傷みの程度や原因、修理の方法などについて詳しい点検を実施し、修理を必要とする資料の中での優先順位を決めていくことになる。本格修理は、劣化や損傷が進行して移動あるいは取り扱いが困難な状態になった資料に対して施す。修理を実施するかどうかの的確な判断は、劣化および損傷の進行具合を確実に把握できるかどうかにかかっている。

　優先順位の決定は二つの考え方を軸に検討がなされる。一つは進行性の劣化要因が資料内部に存在する場合と、もう一つは展示・貸与等の公開頻度が高いために損傷の進行が他の資料に比較して早い場合である。

　前者の代表的な資料としては考古遺物の鉄器があり、空気中の酸素

と反応しながら腐蝕が進行していくため、修理による処置を施す以外に劣化を抑止する方法はない。もっとも、低酸素環境に保管することによって酸化反応を抑え、腐蝕を止める方法もあるが、こうした方法を多数の資料に対して数十年レベルの長期間維持することは困難なため、修理を選択せざるを得ない。

　後者の例としては、社会に広く認知された人気の高い資料が挙げられ、展示期間の許容範囲内で毎年展示される資料は損傷の進行が早い。そのため、100年程度の間隔で定期的な本格修理がなされることが多い。

　こうした点に注目しながら調査を進めて診断を下すことになるが、そのためには構造および材質検査が必要な場合があり、分析装置を用いる場面もある。構造の調査にはX線透過撮影、材質の元素同定には蛍光X線分析、微小部の拡大観察には実態顕微鏡などが有効である。修理の必要性を判断するための状態診断に限れば、これらの機器が基本的なものであるが、この他に多くの分析方法および機器があるので、必要に応じて使用する。

学術研究

　構造、材質、技術、作者、製作地、製作年代など、資料に対する学術的興味は尽きることがない。保存公開のために行われる日常の点検作業とは別に、学術的調査による資料価値の確認は博物館にとって重要な仕事の一つである。そしてまた、こうした徹底した学術的調査の結果は日常の活動に生かされ、資料の安全性を更に高めることにつながる。

　目視観察や文献調査によってもさまざまな新知見を見出すことは可能であるが、さらに精度を高めたり、肉眼では不可視な情報を得たりするために、科学的な機器が用いられる。資料のどの部位を観察するかによって、表面構造の分析、内部構造の分析、材質の分析など機器

の種類は三種類に分けられる。また、資料からサンプルを摘出して分析を行うかどうかによって非破壊検査と破壊検査に分類することもある。

資料に対する調査や研究でよく使用される分析手法には、以下のものがある。

1）表面構造の分析

　紫外線蛍光撮影（Ultra-violet Fluorescence photography）
　　　資料表面に照射した紫外線光によって発生した蛍光を、カメラで撮影する。絵画など彩色資料の表面状態の調査。

　赤外線反射撮影（Infra-red Reflectgraphy）
　　　資料から反射される近赤外線を、カメラで撮影する。絵画の下描の調査、考古資料の調査。

　サーモグラフィ（Thermography）
　　　資料から放出される熱赤外線を、冷却した特殊なカメラで撮影する。建築、遺跡の表面状態の調査。

　紫外線反射撮影（Ultra-violet Reflectgraphy）
　　　資料表面に紫外線光を照射して、表面から反射される紫外線光をカメラで撮影する。絵画の表面状態の調査。彩色資料の顔料組成の調査。

　エミシオグラフィ（Electron Emissiography）
　　　資料表面に密着させたフィルムの上面からX線を照射し、資料表面から放出される二次電子線によってフィルムを感光させる。絵画などの彩色資料や、象嵌をもつ工芸資料の表面状態の調査。

　分光分析（Spectrophotometry）
　　　試料表面に紫外線、可視光線、近赤外線を分光した単色光を照射し、各単色光の反射または透過する割合を比較する。

画像処理（Image Processing）
: 彩色部分を青、緑、赤などのバンドパスフィルターを用いてテレビカメラなどでデジタル記録し、コンピュータによって画像を合成したり、比較したりしながら、問題の箇所を探し出す。

2）内部構造の分析

中性子ラジオグラフィ（Neutoron Radiography）
: 中性子を資料に照射し、背後に置いたフィルム上に中性子の吸収と透過による明暗をつくる。考古、工芸資料の内部構造の調査。

オートラジオグラフィ（Autoradiography）
: 資料に中性子を照射して放射化し、資料表面に密着したフィルムを感光させる。絵画の顔料分布の調査。

γ 線ラジオグラフィ（γ-ray Radiography）
: ガンマ線を資料に照射し、背後に置いたフィルム上に γ 線の吸収と透過による明暗をつくる。考古、彫刻、工芸資料の内部構造の調査。

X 線ラジオグラフィ（X 線透過撮影、X-ray Radiography）
: X 線を資料に照射し、背後に置いたフィルム上に X 線の吸収と透過による明暗をつくる。考古、工芸、絵画、彫刻、建築資料の内部構造の調査。

X 線 CT（X-ray Computed Tomography）
: 資料に対して多方向から X 線を照射し、その結果を、コンピュータを用いて計算し断層面を再構成する。考古、工芸、彫刻資料の内部構造の調査。

テラヘルツイメージング分析（Terahertz Imaging）
: 周波数が 10 の 12 乗ヘルツ（1THz）の領域にある電磁波

を利用した分光分析法。透過力に優れているため、内部構造を調査できるイメージング技術。

走査型電子顕微鏡（Scanning Electron Microscope）
　電子線を資料表面に走査して発生する二次電子および反射電子を用いて拡大観察を行う。サンプリングした微小試料に有効。観察位置の同時元素分析が可能。

3）材質の分析

蛍光X線分析（X-ray Fluorescence Spectroscopy）
　X線を資料に照射して、発生する特性X線（蛍光X線）を分光して元素を分析。波長分散型検出器とエネルギー分散型検出器がある。

X線マイクロアナライザー（Electron Probe X-ray Microanalyzer）
　走査型電子顕微鏡による観察と、観察位置における特性X

図表 2-22-1　調査対象となった陶磁器（東京国立博物館蔵、Image: TNM Image Achives）

図表 2-22-2　X線透過撮影によって明らかになった補彩絵具で覆われた接合箇所の様子

第2章　環境と資料の状態診断　77

線による元素分析を行う。

高周波誘導結合プラズマ炎質量分析（Induced Coupled Plasma-Emission Spectroscopy）

　　　高周波磁界で無電極放電で得られた高温プラズマ炎中に試料を溶解した溶液を噴霧し、質量分析器に送り込んで行う多元素同時分析。

X線回折分析（X-ray Diffractometry）

　　　X線を照射した試料によって回折したX線を測定し、格子間隔から化合物を同定。

表面電離型質量分析（Thermal Ionization Mass Spectroscopy）

　　　試料を溶解して試料棒先端につけ、加熱蒸発させて、質量分析計に送る。鉛同位体の分析に多くの実績がある。

[3] 絵画の製作技術と材料に関する調査事例

南蛮美術・キリシタン美術

　油彩画は日本画と並びわが国の代表的な絵画表現として定着し、プロ、アマを問わず日本人にとって重要な表現手段となっている。16世紀の大航海時代にポルトガル船に乗ったイエズス会宣教師がもたらしたキリスト教文化、鎖国政策が続く江戸時代に出島にもたらされたオランダの科学技術、そして明治時代に国策として導入された近代技術など、わが国の絵画史に大きな影響を与えた時期が幾つか存在する。16世紀にもたらされた西欧の文物や情報は、その後南蛮美術やキリシタン美術としてわが国固有の文化に強い影響を与えた。こうした時代を代表するキリシタン絵画「マリア十五玄義図」（京都大学総合博物館蔵、図表2-23）の調査・研究に用いられた調査法を通し、それぞれの調査法の目的と効果を紹介する。

科学的調査法

　調査の第一の目的は、肉眼観察、写真撮影、非破壊的な科学分析によって資料の現状を記録するとともに、保存状態を確認し、劣化の進行具合を理解することである。第二の目的は、それによって資料の伝来経緯の把握、用いられた絵画材料および描画技術の推定を行うことである。この調査では、化学分析のための微量サンプルの採取は行わず、非接触・非破壊の調査方法によって全て実施することが前提であった。またこの調査が行われた1996（平成8）年当時は、蛍光X線分析装置、X線回折分析装置が使用できる環境下になかったことから、顔料などの無機物の材質を推定できる他の分析手段を利用する必要があった。調査方法は、種々の写真撮影方法による画像観察と非破壊分析法による絵画材料の分析とに大別できる。

　画像分析では、1）可視光線を用いた画面および裏面の通常の写真撮影、2）画面の接線方向（真横）から可視光線を照射して資料の凹凸を観察する斜光線写真、3）資料の裏面側から可視光線を照射して裏打ちや肌裏紙の厚みなどの構造を観察する透過光写真、4）同じく可視光線を用いて顕微鏡による細部の拡大観察、5）近赤外線を用いて下描きの存在や顔料の種類を推定する赤外線反射写真撮影および赤外線テレビ撮影、6）紫外線を用いて後世の補彩や材質の劣化箇所を明らかにする紫外線蛍光写真、7）顔料の推定、絵具の厚さ、描画手順などを確認するために低いエネルギーのX線を用いたX線透過写真撮影、8）顔料の推定を行うために高いエネルギーのX線を用いたエミシオグラフィによる調査を実施した。非接触・非破壊分析では、9）主に植物から抽出された有機染料の検出を目的とした三次元蛍光スペクトル分析法の適用、10）顔料や媒剤の分析を目的とした赤外線吸収スペクトル分析法（FT-IR）、以上の方法を用いた。

絵画技術と材料の推定

　赤外線反射写真からは、下描き線の状態がわかり、その太さや筆触の様子から使用された具体的な筆記用具の推定も可能である。また、輪郭線と彩色との位置関係が読み取れることから、彩色の手順も推定できる（図表2-24）。X線透過写真では、明暗と絵具の厚みの相関を見ることができ、明るい部分は絵具を厚く用い、暗い部分は絵具を薄く用いていることが判明した。この結果は、本作品が16、17世紀西欧絵画の一般的な法則に基づいて製作されていることを示している。衣服のヒダを表現する陰影部に用いられた透明な赤色絵具は、分析の結果植物由来の顔料と考えられ、透明な絵具を効果的に使用して表現の幅を広げる油彩画技術の特徴を確認することができた（図表2-25）。

　顔料を構成する主要成分の分析は、蛍光X線分析やX線回折分析を用いることで可能になるが、これらの分析手法が使用できない時には、X線透過写真を用いて顔料に対するX線の透過率の比較、エミシオグラフィで顔料から放出される二次電子線量の比較、赤外線反射写真で顔料に対する近赤外線の透過率の比較などによって、顔料の種類を推定することもある程度可能である（図表2-26）。それぞれの写真が示す色彩別の黒白濃淡の状態を比較しながら顔料名を判断する。こうした方法での比較によれば、いずれの顔料も当時西欧諸国で使用されたものと同じであることがわかった。

　こうした調査を通して、顔料の種類、彩色の手順、絵具の塗り方などの点で、西欧絵画技術は極めて忠実に日本の絵師に授受されている事実が明らかになった。このことは、キリスト教受容期のわずか60年ほどの間に、セミナリオやコレジオで行われた絵画教育が成果をあげていることを示唆するものであるといえる。なお、セミナリオはイエズス会宣教師が日本人聖職者の養成を目的として日本各地に設置した教育施設で、キリスト教義の他にラテン語、音楽、美術などの教育がなされたといわれている。

図表 2-23 「マリア十五玄義図」京都大学総合博物館蔵

図表 2-24 「マリア十五玄義図」赤外線反射写真

図表 2-25 「マリア十五玄義図」X線透過写真

図表 2-26 「マリア十五玄義図」エミシオグラフィ

〔4〕保存カルテに状態を記録する

モニタリングとカルテ化

　資料の保存状態を点検し（モニタリング）、それを記録すること（カルテ化）は、収蔵品管理の点から最も基本的な作業の一つである。それによって、資料の展示や管理を行う部署と資料の状態について共有化を図ることができる。そして、資料の状態に基づいた環境の改善計画の立案、資料の状態の深刻さに応じた処置の立案が可能になる。点検はさまざまな機会を設定できるが、最も得やすい機会として以下の四つを挙げることができる。第一は、資料を他館に貸与する際に行う事前点検、ないしは引き渡し時点での点検である。第二は展示を行う時、第三は修理候補品を選定する調査、第四は実際の修理の時である。東京国立博物館では、年間の貸与件数が約1000件、展示件数が約7000件、本格修理の候補を選定するために実施する事前点検が約200件、修理を施される資料に対する点検が約1000件あり、これらの機会にカルテ化を行っている。

　点検の結果は保存カルテに必ず記録する。一度カルテを作成したら、それ以後に得られた関連データは同じカルテに逐次収めていき、時系列の変化がわかるようにする。カルテには状態の悪化や脆化が懸念される箇所や原因を記述し、その時の立会い者の氏名も忘れずに記録する。記録は現場で行うことを重要視する。現場から離れて清書するような記録の仕方は、正確性に欠けやすく相応しくない。また、全ての項目を記入する努力は現実的ではなく、全項目を埋める努力に手間をかけるよりは、必要なところを詳しく記述する方がよい。記入は、点検あるいは作業に直接従事した者、ないしは立ち会った者が行わなければならない。使用する筆記用具は、資料の直近で使用することから、鉛筆を用いることが相応しい。

文字記録と同時に、写真に記録することも忘れないようにする。撮影した画像は必要なものだけを紙に出力して、カルテに一緒に収める。その際にはプリントの上に注意書きを書き加えることで、今回の点検で注目すべき点を明確にしておくことも大切である。メモや走り書きなども含めて関連する資料は、入手あるいは作成時期を明示した上で、全てカルテの中に収めることが望ましい。
　こうして作成される詳細な記録としての保存カルテは、後日、当該資料に関する調べ物を行う際に極めて有益な記録資料となる。

保存カルテ

　保存カルテの記載内容はさまざまな項目が考えられるが、それらを整理すると図表 2-27 のようになる。まず資料の登録番号、名称、作者、製作地、製作年代、大きさなどの基本的な資料の属性情報、そして資料の画像の欄、点検・記入日時、担当者の項目が必要である。次に、資料の材質、生じた劣化や損傷などの状態を示す項目がいる。以上の項目は最初のページに要領よく収め、そこを見れば資料の概要が把握できるようにする。また、点検の所見を書き込むことができるように、十分なスペースを用意する。
　記述の仕方は特に設けず、担当者各自の裁量に任せて自由に筆記できる欄とする。資料の現状に対する所見、そして処置を行った場合にはその内容を記述する。所見を追加する空きスペースがなくなった場合には、新たなシートを追加して記載する。点検診断の際に用いた科学機器による分析結果は、調査を実施した事実とデータの保管場所について記しておく。
　保存カルテに盛り込む項目は、記入された内容に対して処置や判断が実際に行われる可能性のあるものに限るようにする。また、最小の項目で資料の状態を記録できるように時々項目の見直しを図り、項目を絞り込む努力が必要である。むやみに項目を増やすことで記入の手

間がかかり、結果的にカルテの利用を妨げる事態を招きかねない。

　保存カルテは長期の保管を考慮して必ず中性紙を使用する。一つの資料に対して一つのカルテを原則として作成し、キャビネットに資料の登録番号順に整理して収納して、使用する。カルテが紛失することがないように、キャビネットから取り出して使用した場合には、同日中に元に戻すように習慣づける。

電子カルテ
　これまで述べてきたような紙に記載する紙ベースのカルテには、誰でもどこからでも閲覧できる電子カルテのような便利さはない。特定の内容を探し出す場合には、資料登録番号がはじめからわかっていないと見つけ出すことは難しく、検索の利便性は低い。それに対して全てが電子化された電子カルテの場合には、キーワードとなる単語や文章の入力で目的のカルテを探し出すことができる便利さがある。
　電子カルテには、最初の段階から電子的に内容を入力する方法と、一旦紙ベースに記録したものをPDFファイルに変換した上で、キーワードとともに電子化して保存活用する方法がある。紙ベースで作成したカルテが既に大量に存在する場合には後者の方が相応しい。紙ベースのカルテは、紙に記載されたアナログの文字情報とデジタル画像の組み合わせで成り立っているが、両者を同時に取り扱うことは困難である。その不便さを補うために、カルテをPDFファイルに変換しデジタル化することによって、全てを電子的に扱うことが可能になる。現状では、紙ベースのカルテの方が作業の中では記載しやすい状況だが、いずれ電子的な入力が鉛筆の簡便性に替わる時期が来れば、完全な電子カルテの時代になるだろう。紙のカルテをPDF化するのは完全な電子カルテ化に対して中間段階の形態であり、現状は移行期と考えられる。

| 1)T | A.B.C.D.E.F.G.H.I.J.K.L.M.N | 2)収蔵場所 | 3)調査日 | 4)調査者 | | 5)評価 | 良 | A | B | C | D | E | 不良 |

34) 材質	35)/materials			6) 資料名		
				7)name/title		
36) 紙(	)37)paper	58) 天然樹脂(	)59)natural resin			
38) 木(	)39)wood	60) 合成樹脂(	)61)plastic	8) 原・複	10) 所蔵	12) 員数
40) 金属(	)41)metal	62) 顔料(	)63)pigment	9) original/copy	11) possession	13)number
42) 繊維(	)43)fiber	64) 染料(	)65)stain/dye	14) 作者	16) 指定区分	
44) 陶・磁・土器	45)ceramic	66) 墨・炭(	67)Chinese ink/charcoal	15)artist(s)	17)designation	
46) 漆(	)47)lacquer	68) 植物(	)69)plant	18) 製作地	20) 時代	
48) ガラス(	)49)glass	70) 動物(	)71)animal	19) origin	21) date	
50) 石(	)51)stone	72) 写真(	)73)photograph	22) 収蔵年月日	26) 最大高	28) 最大巾
52) 土(	)53)clay	74) その他	75)others	23)acquired date	27) height mm	29) width mm
54) 油(	)55)soil			24) 担当教官	30) 最大奥	32) 総重量
56) 膠(	)57)glue			25)teacher in charge	31) depth mm	33) weight g
		78) 写真番号	79) photo No.			
		76) デジタル	77) カラーネガ			

80) 調査度 81)damages and grades →不良 poor

82) カビ	83) mold
84) ブロンズ病	85) bronze disease
86) サビ・腐食	87) corrosion
88) 虫害	89) insect damage
90) 老化・腐朽	91) aging/decay
92) 悪臭・異臭	93) bad smell
94) ( ) 95)	
96) 欠損	97) loss
98) 亀裂・割れ	99) split/crack
100) 剥離・剥落	101) flake
102) 浮き	103) lifting
104) 穴	105) hole
106) 変形	107) deform
108) 破れ・ほつれ	109) tear/fray
110) 折れ・皺	111) fold/crease
112) 傷	113) scratch/aeration
114) 摩滅・磨耗	115) wear
116) 艶引き	117) frost
118) 汚れ	119) dirt/soil
120) しみ	121) stain
122) 変色・退色	123) discoloration
124) 付着物	125) accretion
126) その他	127) others

128) 過去の修理 129) previous restore 有(箇所) 無・不明

図表 2-27　カルテの項目

1)T A,B,C,D,E,F,G,H,I,J,K,L,M,N　—　2)収蔵場所　　　3)調査日　　　4)調査者　　　5)評価 氣 A | B | C | D | E 不良

6) 資料名 7)name/title				
8) 原・複 9) original/copy	10) 所蔵 11) possession			
14) 作者 15) artist(s)		16) 指定区分 17) designation		
18) 製作地 19) origin		20) 時代 21) date		
22) 収蔵年月日 23) acquired date		26) 最大高 27) height　　mm	28) 最大巾 29) width　　mm	12) 員数 13) number
24) 担当教員 25) teacher in charge		30) 最大奥 31) depth　　mm	32) 総重量 33) weight　　g	

34) 材質　35)materials

36) 紙（　　）37)paper	38) 木（　　）39)wood	40) 金属（　　）41)metal	42) 繊維（　　）43)fiber	44) 陶・磁・土器 45)ceramic
46) 漆（　　）47)lacquer	48) ガラス（　　）49)glass	50) 石（　　）51)stone	52) 土（　　）53)clay	54) 油（　　）55)oil
56) 膠（　　）57)glue	58) 天然樹脂（　　）59)natural resin	60) 合成樹脂（　　）61)plastic	62) 顔料（　　）63)pigment	64) 染料（　　）65)stain/dye
66) 墨・炭（　　）67)Chinese ink./charcoal	68) 植物（　　）69)plant	70) 動物（　　）71)animal	72) 写真（　　）73)photograph	74) その他（　　）75)others

80) 損傷度　　　　　　　81)damages and grades　　　　　　　→不良 poor

82) カビ	83) mold			
84) ブロンズ病	85) bronze disease			
86) サビ・腐食	87) corrosion			
88) 虫害	89) insect damage			
90) 老化・腐朽	91) aging/decay			
92) 悪臭・異臭	93) bad smell			
94) （　　） 95)				
96) 欠損	97) loss			
98) 亀裂・割れ	99) split/crack			
100) 剥離・剥落	101) flake			
102) 浮き	103) lifting			
104) 穴	105) hole			
106) 変形	107) deform			
108) 破れ・ほつれ	109) tear/fray			
110) 折れ・皺	111) fold/crease			
112) 擦	113) scratch/aeration			
114) 摩滅・磨耗	115) wear			
116) 艶引き	117) frost			
118) 汚れ	119) dirt/soil			
120) しみ	121) stain			
122) 変色・退色	123) discoloration			

78) 写真番号　79)photo No.
76) デジタル　77) カラーネガ

128) 過去の修理　129) previous restore　有（　　）箇所・無・不明

1)T A.B.C.D.E.F.G.H.I.J.K.L.M.N   —   6)資料名 7)name   2)収蔵場所

130)保管方法 131) storing method

132)木箱	133) wood box	桐・杉・檜・ベニヤ・他（　　　）塗装有（　　　）無
134)紙箱	135) paper box	中性紙・段ボール・クラフト紙・アートコート紙・他（　　　）
136)布袋	137) cloth sack	木綿・麻・化繊・絹・他（　　　）色（　　　）
138)紙袋	139) paper bag	中性紙・和紙・クラフト紙・普通紙・他（　　　）
140)その他	141) others	薄様紙・帙布団・エアキャップ・布・ビニール・脱脂綿・新聞紙・和紙・反故紙・真田紐・他（　　　）

142)温度		℃
143)temperature		
144)湿度		%
145)humidity		
146)照度		lx
147)illumination		

148)損傷状況 （収蔵庫内での観察） 149)conditions of damages (survey in the storeroom)

150)収納容器の状態 151)conditions of case

第 2 章　環境と資料の状態診断

152) 過去の修理歴	153) previous restoring(s)			
154) 損傷等に対する処置	155) treatments of damages	156) 使用材料 157) materials applied	158) 新補・追加物 159) new products/appendages	
158) 処置完了日 159) date completed	160) 処置者 161) restorer(s)	162) 保存環境の改善点 163) improved points of storing environment		

1)T A.B.C.D.E.F.G.H.I.J.K.L.M.N -	6)資料名 7)name		2)収蔵場所			
164) 追加資料の内容 165) contents of appendix(es)	168) 枚数 167) volume	166) 添付日 169) appended date	170) 調査日 171) survey date	172) 修復後の経過等 172) conditions after the restoration(s.)	174) 評価 175) grad.	176) 調査者 177) surveyer

第 2 章　環境と資料の状態診断　89

参考資料

- 登石健三『古美術品保存の知識』第一法規出版、1970
- Garry Thomson: *The museum environment*, Butterworth, 1978
- 神庭信幸「紫外線写真、紫外線蛍光写真、赤外線写真のためのテクニカルノート」『創形美術学校修復研究所報告』Vol.5、pp.56-61、高澤学園、1985
- 森田恒之『画材の博物誌』中央公論美術出版、1986
- Robert L. Feller Ed: *Artist's Pigments*, Cambridge University Press, 1986
- Garry Thomson 著、東京藝術大学美術学部保存科学教室訳『博物館の環境管理』雄山閣出版、1988
- 石橋財団ブリヂストン美術館学芸部編『In Darkness and Light – A Rembrandt in Tokyo Reconsidered – 石橋財団ブリヂストン美術館所蔵レンブラント作品調査研究報告』石橋財団ブリヂストン美術館、1989
- 神庭信幸「初期洋画の技術的変遷（1）――明治初期油彩画の下地組成」『国立歴史民俗博物館研究報告』19集、pp.357-391、国立歴史民俗博物館、1989
- 神庭信幸「ブルースケールを用いた積算照度の測定と天然染料の堅ろう度の測定」『古文化財之科学』35号、pp.23-27、文化財保存修復学会、1991
- 神庭信幸「博物館環境のモニタリング――温湿度測定の基礎」『国立歴史民俗博物館研究報告』35集、pp.393-407、国立歴史民俗博物館、1991
- 園田直子／神庭信幸「博物館における防虫黴法の動向」『国立歴史民俗博物館研究報告』50集、pp.495-524、国立歴史民俗博物館、1993
- 国立歴史民俗博物館編『科学の目で見る文化財』アグネ技術センター、1993
- 沢田正昭『文化財保存科学ノート』近未来社、1997
- 神庭信幸／小島道裕／横島文夫／坂本満「京都大学所蔵「マリア十五玄義図」の調査」『国立歴史民俗博物館研究報告』76集、pp.175-247、国立歴史民俗博物館、1998
- 神庭信幸／小林忠雄／村上隆／吉田憲司編『色彩から歴史を読む』ダイヤモンド社、1999
- 太田喬夫編『芸術学を学ぶ人のために』世界思想社、1999
- Joseph A. Bamberger, Ellen G. Howe and George Wheeler: "A variant Oddy test procedure for evaluating materials used in storage and isplay cases", *Studies in conservation*, vol.44, no.2, pp.86-90, 1999
- 馬淵久夫／富永健編『考古学と化学を結ぶ』東京大学出版会、2000
- 佐野千絵「美術館・博物館の空気質の現状と望ましいレベル・対策」『空気清浄』第38巻第1号、pp.20-26、日本空気清浄協会、2000

- 三浦定俊『古美術を科学する―テクノロジーによる新発見』廣済堂出版、2001
- 辻野喜夫／前田泰昭／神庭信幸ほか「有機酸パッシブサンプリング法および博物館収蔵庫内における有機酸の挙動」『国立歴史民俗博物館研究報告』第 97 集、pp.29-42、2002
- 京都造形芸術大学編『文化財のための保存科学入門』角川書店、2002
- 歌田眞介『油絵を解剖する――修復から見た日本洋画史』日本放送出版協会、2002
- 馬淵久夫／杉下龍一郎／三輪嘉六／沢田正昭／三浦定俊編『文化財科学の事典』朝倉書店、2003
- 和田浩／神庭信幸「東京国立博物館の環境保全計画――無線通信と LAN の併用による温湿度計測システムの開発」『MUSEUM』No.584、pp.25-35、東京国立博物館、2003
- 神庭信幸「東京国立博物館における環境保全計画――所蔵文化財の恒久的保存のために」『MUSEUM』No.594、pp.61-77、東京国立博物館、2005
- 奈良文化財研究所編『絹文化財の世界――伝統文化・技術と保存科学』角川書店、2005
- M. Uda, G. Demortier, I. Nakai Ed: *X-rays for Archaeology*, Springer, 2005
- 神庭信幸／和田浩／星野裕昭／高木雅広「CAE シミュレーション解析による緩衝機材の特性評価事例」『第 48 回全日本包装技術研究大会：研究事例発表資料』、pp.21-24、日本包装技術協会、2010
- Nobuyuki KAMBA, Hiroshi WADA, Tominori ARAKI: Toward the Establishment of a Guideline for the Concentration of Indoor Atmospheric Contaminants in Museums, International Conference on "Preservation and the Four Elements", Beijing, 2010
- 神庭信幸／荒木臣紀／和田浩／西邑雅未／中村恵子「収蔵庫内の空気汚染物質に対する濃度指針の検討」文化財保存修復学会大会実行委員会編『文化財保存修復学会第 32 回大会研究発表要旨集』、pp.20-21、文化財保存修復学会、2010

第 3 章　環境と予防保存

第1節　環境を改善して資料を保全する

〔1〕環境制御の必要性

　博物館は自ら収集し、かつ社会から寄託や寄贈を受ける場所でもあることから、博物館の存在は必然的に資料の集中を促す。こうして集まった大量の資料を一括して安全に保管管理する方法は、環境の制御以外には考えられない。東京国立博物館の収蔵品は2013（平成25）年3月現在で114362件が登録されていて、そのうち寄贈品の件数が54270件、全体に占める割合は47.5％となり、いかに多くの資料が博物館に集まっているかがわかる。

　環境の管理はまず、施設全体の現状を把握することからはじめる。あらゆる場所に足を運んで実際に状況を確認した上で、温湿度計などの測定装置を設置し、数年間にわたって継続的なデータをとる。それによって、それぞれの場所の特徴を理解する。特徴が理解できた後もデータは継続的に取り続ける。そして、害虫、黴などの生物生息状況についても数年かけて調査を行う。他にも盗難などの保安、そして資料を取り扱う職員の技術的能力にも配慮しなければならない。このように、資料の保存活動の中でも、おもに環境管理によって資料の劣化を抑制する取り組みを「予防保存」（Preventive Conservation）という。環境のコントロールを疎かにして、資料の保存を修理に依存しすぎると、あらゆる環境に耐え得るような過剰な補強を資料に施す考え方に陥りやすい。そうなると結果的に資料のオリジナルが失われ、資料保存の本来の目的から遠ざかっていくことになる。

〔2〕予防保存

　さまざまな原因によって生じる資料の劣化に対して、環境的な面から劣化の原因を排除し、進行を緩和させようとする具体的な取り組みを「予防保存」という。

　予防保存とは、1970年代に欧米で意識されはじめ、1990年代には用語と概念が確立した方法論である。その具体的な内容としては、1)保存に関する長期間に及ぶ問題を統合的に取り扱う、2)収蔵資料の劣化を緩和するために組織が承認する行動計画である、3)資料を取り巻く環境は、職務的に分類すると建築管理、空調設備管理、人文的研究活動、資料出納、保存修理、教育普及、管理部門など多岐にわたるが、あらゆる部署から参加を得て行動する、4)多分野の参加者で構成された組織をつくり、3〜5年程度の期間を単位にして計画を作成し実行し、計画実行中は定期的な検証を行い、進捗状況を明示する、5)予算や計画、収蔵資料や環境の状況、施設の状況などについて丁寧に説明して意思疎通を図り、使命感を共有する、6)最小単位の計画が完了した時には、その成果を公表し、普及のためのネットワークの形成を図る。以上のような工程を経ることによって、らせん階段を昇るように確実に資料保存の環境が整備されていく。

　資料を公開あるいは保存するための環境は、温度、相対湿度、光放射、汚染物質、害虫、黴、動物、植物、人間などさまざまな因子によって強い影響を受ける。これまで久しく、温度、相対湿度、光放射、汚染物質などの空気環境、害虫、黴、動物、植物などの生物環境、そして学芸員、保存修復家、警備員などの人間環境は個別的な管理と整備が進められてきたが、今日ではこれらの活動を統合することでより高い効果が得られると考えられている。

　国際博物館会議保存委員会（ICOM Committee for Conservation）で

も、かつては「Lighting and Climate」「Bio Deterioration」「Transport」などの分野別の分科会を組織して活動していたが、現在では「Preventive Conservation」の下に統合され、各分野間で密度の高い連携を形成することによって、問題点の解決を段階的かつ計画的に図ることを勧めている。

　予防保存とは、さまざまな課題を全て視野に入れ、一人ではなくチームワークで成し遂げていく作業である。いかに優れた職員でも一人の力だけでは限界があり、協力者、よき理解者、その目的を理解して一緒に行動する職員がいなければ、目的を遂行するのは困難である。まず、関係者に対して目的とするところ、その理由、将来の見通し、具体的な方法を説明する必要がある。それによって、できるだけ多くの関係部署と緊密な連携を築くことが重要である。そして、組織全体のテーマとして位置づけられる必要がある。さらに、重要なことは持続することであり、レベルの向上を急がず着実に実行することが大切である。最後に、全ての結果はノウハウとともに公表し、意識、使命、方法論の共有化を図るように努めなければならない。

〔3〕リスクマネジメントの適用

　予防保存では、リスクマネジメントの手法を積極的に応用することになる。それにより、さまざまな場所や作業に潜むリスクをコントロールすることが可能になってくる。リスクマネジメントは以下の五段階から成り立つ。
　1）診察　問題の有無・状態・原因を調べる。（リスクの確認）
　2）診断　問題の種類・程度を判断する。（リスクの測定・評価）
　3）処方　劣化の状態に応じた処置方法を判断する。（リスク処理
　　　　　方法の選択）

4）治療　具体的に処置を施す。（リスク処理方法の実施）
5）予後　処置後の経過を観察する。（リスクマネジメントの統制）

　1）はさまざまな環境因子の継続的な測定、2）はその解析に基づいて下す環境の状態に対する評価、3）は改善・改修方法の立案、4）は改善・改修方法の実施、5）は実施した結果が必要な効果をもたらしているかどうかの確認である。

　資料管理のための人材の配置が資料分類に基づく余り偏りすぎたり、縦割り的組織による個別的管理になりすぎると、問題の全体的な把握と問題解決に対する優先度の判断が困難になることが多い。その結果として、特定の資料群あるいは特定の場所の状態が改善されても、その他はほとんど関心が払われないまま放置されるという状況が生まれることになる。常に全体を意識しつつ、段階的に計画を進めていくことが予防保存では重要である。そのためには多くの部署や職員から理解を得て、そして作業を分担することが不可欠である。内部向けの報告は年度単位にこだわることなく、月単位でこまめに状況を報告し、館全体での共有を図るように心掛ける。最終的には年次報告書を作成して評価を受け、その上で次の計画を進める必要がある。全ての記録は数十年後の利用を考えながら記載事項や保管方法を検討し、具体的な作業別または資料別のカルテとして残しておくことが必須である（第2章第3節の〔4〕参照）。

　得られた記録や成果は整理・保管すると同時に、専門家や一般に向けて的確な情報を迅速に提供する必要がある。情報の提供によって保存の活動やその現状が認識され、その結果として博物館に対する理解や活動に対する社会的支援が生まれる可能性が高まり、それによって予防保存がますます進展しやすい状況になる。

〔4〕展示場での取り組み事例

浮世絵展示の工夫

　東京国立博物館では、さまざまな問題への対処は領域を越えて統合的に行うという考え方に基づいて活動している。資料は公開によってはじめてその存在と価値を認知することが可能であり、それによって保存についての意識が生まれ、広がるものである。したがって、資料の公開を行う場合には、資料の歴史的価値、美術的価値が鑑賞者に最大限に受け止められるような環境や資料の状態を確保する必要がある。

　本館2階第10室に展示されている浮世絵の展示コーナーは、これまで二度にわたる大掛かりなリニューアルがなされている。リニューアル前の浮世絵展示は、ウィンドウ・マットに挟んだ浮世絵を壁つき展示ケースの傾斜台に立てかけるという、極めてシンプルな方法であった（図表3-1）。

　この展示方法における問題点は、大きな壁つき展示ケースの中に配置されている様子がいかにも魅力に欠けること、与えられたケースでは展示できる枚数が少なすぎること、観覧者と浮世絵との間に距離があるため浮世絵の詳細が見えにくいこと、展示ケース内に設置されている蛍光灯では資料がぼんやりとした印象に見えることなど、観覧者に対して配慮に欠ける点が多くみられた。保存だけの側面からいえば、壁つき展示ケースの相対湿度は安定し、照度レベルも50ルクスを維持でき、保安の面からも特に問題のない状態であった。また、展示替えも単純かつ安全に行うことが可能な展示方法であった。

　こうした状況の中で、資料の見え方について積極的に考えること、つまり展示デザインをより高いレベルに推し進めることは、保存的側面に危険をもたらす可能性もある。仮に現状維持を望む保存と、現状打破を望むデザインが、単純に双方の立場を主張したのでは問題の解

決にはつながらない。私たちが考えなければならないことは、資料、観覧者、博物館をともに満足させる高いデザイン性と高い保存性の共存と共生である。幾つかの新しい形式のケースについて検討する中で、結論として浮世絵を額縁に収めて壁に掛けるオーソドックスな展示手法をとることになった。そのために解決すべき課題は多く、1）相対湿度の安定化、2）保安上の安心、3）新規の展示照明設備、4）展示替えのしやすさの確保などである。

　それまでの習慣として、特別展時においては展覧会毎に個別の造作物を製作することはあっても、常設展示ではそうしたことは基本的にはなかった。それは経費の配分の問題が大きく作用していたと考えられる。博物館の独立行政法人化以前は常設展示のための経費は申し訳程度で、老朽化に伴って一括更新がなされるまで、常設展示場のハードウェアに手をつけることは余り行っていない。しかし、入館者に対してより快適で魅力ある展示空間を用意することが入館者増につながるという判断が、常設展示への経費配分を増大させたといえる。もち

図表3-1　リニューアル前の浮世絵の展示コーナー

ろん、展示手法を考える時の基本は資料の保全が大前提で、保存的側面を無視した環境づくりはあり得ない。その点を踏まえた上で、入館者に受け入れられる展示を目指した結果、金属製の特殊な額、高透過・低反射ガラス、紫外線カットフィルム、高い耐衝撃ガラス、高気密性、調湿剤設置、高い保安性などを兼ね備えた展示ケースと、それらに対応した光ファイバーによる照明装置を設計した。

外見は、普通の額縁の中に浮世絵が収まっているように見える展示である（図表3-2）。また、4週間毎の展示替えに対応できるように、資料の取り換えが安全かつスムーズに行えるような内容も備えることができた。その結果、浮世絵を手に取って眺めるのと同等の視覚的効果が得られ、空摺りなどの和紙の凹凸もつぶさに見ることができるようになった。展示照度が規定の50ルクスよりやや低めの設定でも十分に鑑賞できることから、優れたデザインを実現することは、保存の面でも効果が得られることが実証されたと考えている。

これらの改修にあたり高気密性の展示ケース、免震装置などととも

図表3-2　リニューアル後の浮世絵の展示コーナー

に目覚ましく改良が進んだ光ファイバー照明装置を採用した。照明器具としての適合性は、演色性の高さだけではなく、安全な光が放射されているかどうか、熱の放射についてなどを確認・検討した上での採用でなければならない。保存分野が単独で先行すれば、ややもすれば見え方に関して観覧者に対する配慮が欠けてしまうことがあるかもしれないが、しかし保存性については確保される。反対に、デザイン分野が先行すると保存に対する配慮が欠けやすくなる。こうした関係性を改め、両者が共生できる体制をつくることこそ、予防保存の実践には欠かせない点である。

展示資料の地震対策

　地震への備えとしてまず考えるべき事柄は、転倒による破損から資料を守ることである。壺などの器物に対しては錘（おもり）を入れて重心を下げて、揺れに対する安定性を高めることが基本である。次に、資料を展示台と固定して揺れにくくすることである。テグスを用いた固定は一般的な方法で、簡便である一方、資料鑑賞の面からは難点がある。また、重い資料や強い揺れの場合には、テグスが伸びたり、結び目が伸びたりして、役に立たないこともある。こうした難点は、資料の形状に沿った金属製の支持具を用いて資料を保持することによって克服することができる。ただし、形状にあわせた支持具の製作には時間と費用が必要であることはいうまでもない。

　資料を展示台などに固定する方法として、ワックスや粘着シートの利用が他に考えられる。それらを資料に直接塗布または貼りつけると、接着剤が資料に浸み込む恐れや、経年変化により汚損するなどの可能性も考えられるため、資料の固定にそれらを直接用いることはなく、支持具等の固定に積極的に用いている。

　第2章第2節「最適化のために必要な指針」で触れた通り、二次元免震装置の使用で、資料の固定を最小限に抑えた状態で、揺れに対

する安定性を飛躍的に高めることができる。二次元免震装置にもさまざまな形式のものがあり、それぞれに一長一短がある。装置の作動原理ができるだけ簡素なこと、定期的なメインテナンスを必要としない装置であることを前提とし、かつ同じフロア、あるいは同じ建物内では同一機種の装置を用いることを勧める。

図表3-3　土偶（青森県つがる市木造亀ヶ岡遺跡出土、縄文時代、重文）の固定具

図表3-4　免震装置の上に展示した火焔土器

展示ケースの規格化

　資料を収めた展示ケースの内部の環境は、展示期間を通して安全なレベルに維持されて、地震などの災害による影響が抑制されるとともに、盗難に対して高い保安性をもつものでなければならない。同時に、鑑賞者に対して見やすく、快適な展示環境を提供できるものでなければならない。このように、一見単純な箱に見える展示ケースにはさまざまな条件が要求されている。しかし同時に、展示ケースはこれらの条件が外見からはほとんど意識されない構造物でなければならない。

　東京国立博物館では、2000（平成12）年6月11日に、性能の向上と標準化を目指し、展示ケースに必要な諸条件を「展示ケース十箇条」としてまとめた。新規の展示ケースをつくる必要が生じた時には、この十箇条を指針として用いながら、性能、デザインを検討し、安全なケース製作を目指している。保存、学芸、デザインの担当者および製作会社は、この指針を用いて具体的に検討を行うことができる。

　「展示ケース十箇条」を以下に紹介する。

1. 空気交換率
    安定した相対湿度環境を実現するために空気交換率は0.1回/日以下とし、気密性の評価には拡散や対流などによって生じる空気の換気量を測る
2. 調湿剤
    調湿剤を設置するトレーは調湿剤 $4kg/m^3$ の収納を可能とし、空気との接触量を多くするためにトレーを浅くしかつ面積を広くする
3. 空気循環
    ケース内の調湿を効果的に行うために空気循環が効率的に行えるようにする。送風ファンを使用する場合には風速を0.036m/sec程度とする

4. 空気環境

 ケースに用いる材料は不活性な材料を使用する、又はその対策を講じることにより、有機酸、アルデヒド類等有害なガスの放出を抑え、中性な環境を保つ

5. 展示照明

 照明光源は最小50ルクスまでの調光を可能とし、有害な紫外線と赤外線を除去すると同時に、照明器具の熱はケース外に排除する

6. 透過率及び反射率

 使用するガラスやアクリルの透過率は高く、表面の反射率はできるだけ低いものを使用することで展示物を見やすくし、不要な照明を減らす

7. 地震対策

 地震等の振動による展示物の転倒及び破損を防ぐため、免震装置の設置ないしはケース内に転倒防止対策を施す

8. 開口率

 安全に展示物の出し入れを行うために扉の開口率は大きくする

9. 維持管理

 維持管理と取り扱いを容易にするために、簡便な機構を採用すると共に、ケースの堅牢化と軽量化を図る

10. 保安設備

 盗難防止のために保安性の高い開閉機構及び施錠方法を採用し、かつそれらに関する機構が見えにくいこと

〔5〕収蔵庫での取り組み事例

パッシブコントロールとアクティブコントロールによる環境調節

　環境の調節方法にはパッシブコントロール（passive control）とアクティブコントロール（active control）がある。パッシブコントロールとは、素材自体がもつ特性を効果的かつ持続的に利用することである。または、電気的なエネルギーを使用した機器に頼ることなく環境を調節する方法と考えてもよい。アクティブコントロールとは、空調装置、あるいはポータブル型の加湿器や除湿器などの機器に頼る調節法のことである。

　パッシブコントロールに利用される代表的な素材としては木材や、木材に似せてつくられた人工の木質建材がある。木材は衝撃の吸収に優れているだけではなく、吸放湿性に富むため周囲の相対湿度を一定に保持しようとする性質がある。日本では古くから文化財資料を保管するための箱や建材に木材が利用されてきた。相対湿度の変動には、日変動、週あるいは5日単位の半旬変動、季節ごとの年変動の三種類がある。これら三種類の変動を全て抑え、年間を通じて一定な相対湿度環境をつくり出すためには、アクティブコントロールの空調を導入することが絶対条件である。一方、日変動や半旬変動を抑えるだけであれば、木材を用いた空間でも可能になる。つまりパッシブコントロールだけでも調節が可能になる。パッシブコントロールとアクティブコントロールの組み合わせによって、より効果的に安定した環境の実現が可能になる。

　資料の物理的・化学的な安定性は安定した温湿度環境に大きく依存する。したがって、変化のない温湿度環境が理想ということになる。しかしそれは、収蔵庫や展示室などの大空間では現実的ではないので、年間の変動として相対湿度は55％±5％、温度は22℃±4℃のように

ある程度の幅を許容している。空調の運転時間には1日中連続して運転する24時間空調と、たとえば1日8時間行う間欠空調とがある。日本のように1年を通じて寒暖の差が激しく、かつ黴などが発生しやすい高湿度の時期が長く続く地域では、温度調節と除加湿による湿度調節に対して空調を使ったアクティブコントロールは必要不可欠である。その際に、24時間空調の必要性があるか、間欠空調で間に合うかの判断は、施設の気密性や断熱性、そしてパッシブコントロールの能力に依存する。その他、空調の運転時間に大きな影響を与えるものとして、運転経費がある。博物館で進む運営経費縮減の流れは、空調の運転時間にも大きな影響を及ぼし、必ずしも施設・設備の内容だけで安易に運転時間が決定できるわけではないのが実情である。

正倉院の校倉はパッシブコントロール

　正倉院は、大陸との交流の様子を示す楽器、染織品、ガラスなど聖武天皇の遺愛品を中心とした宮廷用品、東大寺の諸行事に関連した古代文書などの御物を長年にわたり保存してきたところである（図表3-5）。倉の内部は北倉、中倉、南倉に分かれ、北倉と南倉は三角の断面の木材を積み重ねたいわゆる校倉(あぜくら)造り、中倉は板壁の板倉造りで、ヒノキが使用されている。現在は、コンクリート製の新しい宝庫に全てが納められ、校倉造りの倉庫の中には何も保存されてはいない。

　空調設備が全くない校倉造りの倉の中で、1200年余りの時間を経過した木竹工品、金工品や和紙の傷みは確かに少ない。染織品も染料の色彩は鮮やかであるが、糸の方は放っておくと自然に崩壊して、綿埃のようになってしまうほど劣化は進んでいる。保存のよさは、昔から校倉造りの機能によるところが大きいと説明されてきた。つまり、外から湿った空気が侵入しようとすると、校倉の木材が膨潤して隙間を埋めるために、空気の侵入が阻止されて校倉の中は低めの相対湿度で安定する。一方、外の空気が乾いている時は、木材が収縮して隙間

が開くために、校倉の内部は乾燥した状態になると考えられてきた。

　実際に校倉の隙間を測定した研究者によれば、外気の湿度変化に伴った隙間の動きを確認することはできなかったという。無垢の木材が積み重なっているために、一本の木材にかかる重量は相当なものであり、それぞれが収縮したとしても重量のために新たに隙間が広がることはない。校倉内部の相対湿度を測定してみると、平均値は70％前後であることが判明し、決して乾燥した環境ではないこともわかった。

　保存のよさの原因は、当時の優れた匠たちが最高の技術と材料を用いて製作したものであることを挙げておかねばならない。つぎに、徹底した管理である。勅封を解除しない限り、現在でも倉の中に入ることはできない。ごく限られた人間のみが定期的に資料と接することが可能で、その機会が年に1回程度の曝涼の時である。現在の曝涼は正倉院展が開かれる11月に行われ、職員総出で虫食いなどの異常を確認している。曝涼は虫干しなどともいわれるが、正倉院の場合には

図表3-5　正倉院宝庫

年に一度の資料点検が目的である。そして、晩秋の安定した気候の時に倉を開け、夏から秋にかけてゆっくりと侵入してきた湿った空気を取り除くための空気の入れ換えの役割がある。

そしてもう一つ大切な点は、安定した湿度の空間が長期にわたって維持されてきたことである。宝物が校倉に保管されていた当時、そのままおいてあったわけではなく、最初に保存箱に収納して、それから唐櫃（からびつ）と呼ばれる大型の保存箱に入れられている。保存箱は杉を材料に用いている場合が多い。校倉の宝庫内の相対湿度変化は外気の日変化を 1/10 以下に抑え、遂日変化と呼ばれる気象の移り変わりによる湿度変化はかなり小さくなっている。ただし、季節によって生じる年変化はそのまま内部に伝わる。このように、校倉によって内部の環境は屋外よりも安定したものとなっている。さらに、宝庫内においた唐櫃内の相対湿度変化は、外気の日変化を 1/50 程度、年変化は外気の 1/4 程度であることが確認されている。

相対湿度の安定化

　空調設備の老朽化が進むと、高温高湿になる夏季の除湿能力、低温低湿になる冬季の加湿能力が不足する。さらに、空調が年間を通じて 24 時間の連続運転に比べて、たとえば 1 日 8 時間の間欠運転の場合には、気密性、断熱性、パッシブコントロールの能力が高くない収蔵庫では温湿度環境は不安定になりやすい。長年にわたるモニタリングにより得られたデータから、特定の収蔵庫や展示場に関する環境の特徴を把握できれば、問題を生じやすい場所に対して事前の対策を立てることができるようになる。

　不安定な場所には、高湿になる夏季や低湿になる冬季には必ずポータブル型の除湿器や加湿器を設置して、できるだけ安定した状態が実現できるよう目標を定めて努力することが可能になる。除湿機に溜まった水の廃棄、加湿機への水の補給を確実に行って、除加湿器の作

動が連続できる体制を用意しなければならない（図表3-6）。そのためには、収蔵庫を管理する学芸員が輪番制で作業を受け持ち、作業を分担することによって実効性が上がる。タンクが汚れることによってバクテリアなどの発生を促すことを避ける意味から、供給する水は可能な限りイオン交換水を用意して使用することが望ましい。

空調設備や収蔵庫本体など大規模な施設改修は、莫大な経費が必要となることから通常簡単には見込めないものであるが、それを理由に劣悪な環境を放置してはならない。季節毎の湿度変動による影響を最小限度にとどめるためには、職員自らの行動によってできるだけ適切な湿度値の維持を図ることが大切である。こうしたやり方には多くの人的労力を費やす必要があり、部署を超えた職員全体の協力が必要不可欠となる。職員の協力によって環境が改善されていく様子を示すデータを互いに共有することによって、作業の意味や

図表3-6　除湿器の管理

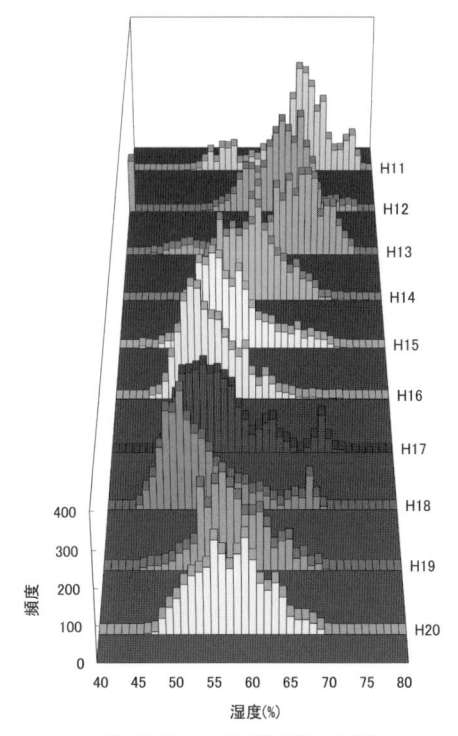

図表3-7　除加湿器による相対湿度の安定化

第3章　環境と予防保存　109

内容あるいは環境に対する理解が深まり、問題意識や達成感を共有できるようになる。

　図表 3-7 を見ると、職員が協力して改善に取り組んだ結果、1999（平成 11）年時点では年間の最多測定湿度値が 70％付近であったのに対して、2003（平成 15）年には 55％まで下がっている。このような変化が生まれた背景には、職員が当番制で排水作業を行うような体制を 2003 年に確立し、日曜日を除く週 6 日間はほぼ恒常的に除湿機を稼動させることが可能になった事情がある。組織的な排水作業が、収蔵庫内の環境に大きく影響しているわけである。以後、除湿機の設置場所や設置台数、設定湿度等を工夫することでより理想的な湿度（55％）に近づいている状況がよくわかる。

総合的病害虫管理の実践
　害虫による資料の食害や黴の発生を未然に防ぐために、博物館施設では資料や保管場所を定期的に燻蒸する保存法が長い間採用されてきた。生物被害から資料を守る方法としては確実なものであるが、主要な薬剤として利用されてきた臭化メチルがオゾン層破壊物質に指定され、先進諸国では 2004（平成 16）年末から生産および消費ともに全廃となり、開発国でも 2015（平成 27）年から全廃となる。そのため、臭化メチルに替わる代替薬剤によって従来通りの燻蒸による予防処置を継続する考え方と、いずれの薬剤も自然界に放出される限りは基本的には環境破壊につながるものであることから、薬剤に依存しない生物管理の考え方が登場した。

　先進諸国は地球環境保全の観点から最終的には後者の考え方に基づく資料管理に向かいはじめ、その影響は地球規模に拡大している。方法論として体系化された資料管理法を総合的病害虫管理法（IPM: Integrated Pest Management）という。IPM はさまざまな技術を駆使しながら日常的な管理を徹底することによって、病虫害に対して総合的

な対策をとることであり、同時に薬剤への依存度とそれによる環境破壊への影響を軽減しようというものである。基本的な実践方法は、1）Avoid（虫や黴を誘うものを回避する）―効果的な清掃とクリーニングが基本、2）Block（虫などの遮断）―害虫、ネズミなどの侵入ルートの遮断、3）Detect（虫などの発見）―早期発見が重要、記録は不可欠、4）Respond（対処）―収蔵品に安全な方法、施設の欠点も見直す、5）Recover/Treat（復帰）―安全な収蔵空間に資料を戻す、対策の改善などを順に進めながら、段階的に清浄な環境づくりを目指すものである。

　施設内外の清掃や、資料の周辺および資料のクリーニングによって病虫害の生息場所をできるだけ制限するように日常的な活動をこまめに行うことが1）Avoidと2）Blockにつながる。収蔵庫への入室前に靴底の汚れを除去するための粘着マットを必ず通過、収蔵庫へ入室する際には専用のスリッパへ履き替える、害虫の拡散防止のために館内の飲食スペースを厳しく限定する、生花など植物を館内に搬入する場合には届け出と事前の生物生息のチェックおよび防虫剤処置を施工者に義務づけるなどの対策、生物が展示器具や文化財とともに持ち込まれないように事前の目視点検、資料の搬入前に展示ケース内の清掃の実施などが、これに対応する対策である。

　次に施設全体にわたる文化財害虫や衛生害虫などの分布状況を調査することによって、生物の侵入経路、発生場所、生息域、生物の種類、数量を把握することが可能になり、資料への影響を未然に防ぐための対策を講じやすくなる。調査は少なくとも年に2回の割合で実施し、各年の状況を比較して推移を確認する必要がある。あわせて、職員からの虫発見情報を日常的に細やかに収集することによって、異常の発見に努めることが大切である。これが3）Detectに相当する。ゴキブリなどの生活害虫は資料への影響も決して小さくはないので、発見した場合には可能な限りの対策を講じる。たとえば、夏季には館内

バックヤード側に隈なくホウ酸団子を設置する、資料の周辺に生物の存在が疑わしい場合、または発見された場合には薬剤の設置ないしは薬剤噴霧、燻蒸などを行う。4) Respond がこれらに相当する。5) Recover/Treat は一連の対策の結果をモニタリングして状況の把握に努めて、状況に応じて復旧ないしは必要な改善策を施すことである。

汚染物質濃度の低減

　窓や扉や空調ダクトを通じて館外から侵入する大気汚染物質の内、特に注目するのは NO、NO_2、SO_4 であるが SO_4 濃度は近年小さく、国内で発生する濃度に関してはその影響を心配するレベルにはない。NO_2 の屋内濃度は屋外と比較して低くなる傾向にあるが、NO 濃度は木質系の素材を沢山使用した気密性の高い展示ケース、あるいは収蔵庫では屋外より高くなる傾向にある。木質系素材と NO の増加の関連性については、NO_2 の還元によるものではないかと考えられている。こうした場所では、ホルムアルデヒド（HCHO）、アセトアルデヒド（CH_3CHO）などのアルデヒド類の発生量が大きくなる可能性があり、高い気密性または小さな空気換気量の故にそれらが残留しやすいと考えられている。発生源は内装材料に使用される合板の可能性が大きく、できる限り不活性な材料を使用することを心がけ、使用前には開放空間でできるだけ風乾してガスが放散されるようにすることが基本である。これらのガスを積極的に取り除くためには、空調設備に化学吸着フィルターを組み込むことによって、ガスを吸着する方法が効果的である（図表 3-10）。

　収蔵庫や展示室内に持ち込まれる建材から発生する有害なガスから資料を守るために、ガスの透過性が極めて低いシートで建材を包み込む工法がある。シートで合板を包み、アルデヒド類の放出を抑制する手法は、海外の施設で見られるところもあるが、わが国ではほとんどない。繰り返しになるが、有害ガスを発生する材料を持ち込む前に、

方法	特徴	問題点
殺虫プレートを封じ込める	プレートに塗った薬剤が蒸散して効果を発揮する	効果を持続させるには空間の密閉性が必要。
殺虫剤を吹き付ける	薬剤の微粒子をガスと一緒に噴霧する	濃度が高いため作業安全性に注意する。
ガス燻蒸 使用例： 『エキヒュームS』 （酸化エチレン15%／テトラフロロエタン85%)	殺虫：24時間 殺黴：24～48時間	ガスの残留性が高い。 成分に発ガン性がある。 爆発性がある。 安全対策を十分に行う必要がある。

図表 3-8 新たな薬剤を用いた燻蒸

方法名	内容	注意点
低温殺虫法	−20～−40℃ 2週間～5日	書籍、毛皮、織物、動物標本、木製品のみ。
高温殺虫法	50～60℃ 数時間～1日以内	建造物の一部、木製品の一部のみ。
低酸素殺虫法	0.3%未満 1～3週間	高度の気密性が必要なため、広範囲の施工が難しい。
炭酸ガス殺虫法	60% 2週間	一部の顔料に変色のおそれあり。

図表 3-9 環境に優しい燻蒸

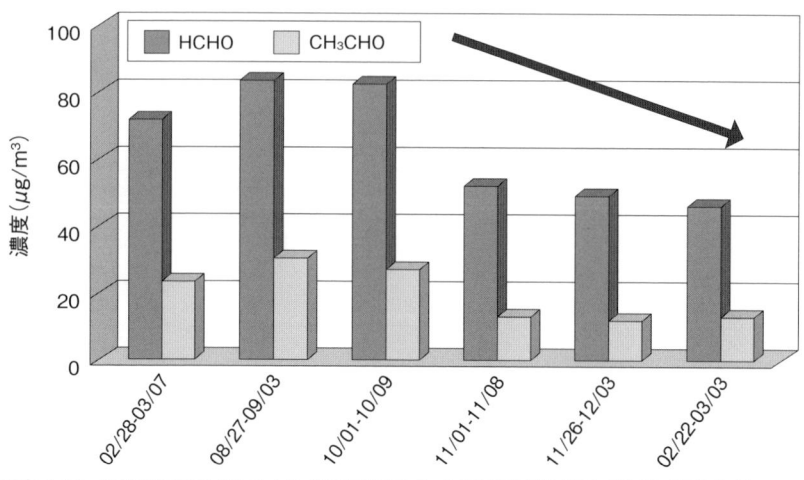

図表 3-10 化学吸着剤の交換によるガス濃度の変化（東京国立博物館平成館絵画収蔵庫内）

第3章 環境と予防保存 113

持ち込まないで済むような設備にするか、安全な材料を吟味して持ち込むように努力すべきである。適切な材料が見つからない場合には、こうしたシートで包む手段で有害なガスの放散を少しでも抑えるしかない。新しいヒノキ材からは揮発性の油成分、樹脂など大量の抽出成分が放散されるが、数年間風乾させて表面が枯れた状態になると放散は止まり、においも少なくなる。このように、持ち込む材料を事前に通気性のあるところで十分に乾燥させることによって、材料からの放散の影響を小さくする工夫はできる。こうした方法は「枯らし」と呼ばれる（p.133 参照）。

地震対策

1995（平成 7）年 1 月 17 日に発生した阪神・淡路大震災によって、当時博物館・美術館施設で展示・収蔵中の資料には、落下や転倒などの衝撃によって破損したものが少なくない。床や棚に収納していた陶磁器類の多くが修復不可能なまでに破損してしまった美術館がある一方、同じように棚から落下・転倒しても無傷のままで残ったところもある。後者の例は、木製の収納箱に入れて保管していたため破損を免れることができた。桐材あるいは杉材を用いた収納箱が落下・転倒の衝撃から脆弱な陶磁器を守ったわけである。さらに、スチール製の棚板に比べると、木材の棚板の方が表面の摩擦係数が大きいため、その上に載せたものは滑りにくい。したがって木材板に載せたものの方が、落下の事故が少なくなる可能性は高い。このように、地震多発国としての長年の経験の蓄積から、木製用具の利用が生み出されたのであろう。

古記録を元にして考えると、マグニチュード 6 を超える地震は、1700 年以降現在まで少なくとも 30 回は発生している。これは 10 年に一度の割合で発生していることになるので、地震に対する備えは保存環境の要素として不可欠のものであることは間違いない。木製の収

納棚や箱を使用することの他に、棚の前面に落下を防止する柵や金網などを設置すれば安全性は飛躍的に高まる。また、収蔵庫内の地震対策としては免震床にすることで資料の落下・転倒を防ぐ方法もある。免震床には地震動で揺れた時に床が移動できるように周囲に幅30cm程度の空間が必要となるため、その分だけ収納面積は減少する。また既設の建物に対して免震床を施工する時には、免震床のレベルが従来と同じになるような製品ないしは工法を採用することが重要である。床のレベルに段差が生じると、資料の移動の際に余計なリスクが発生することになる。

　2011（平成23）年3月11日に発生した東日本大震災で、大津波に襲われた宮城県石巻市文化センターも壊滅的な被害を受けた。一か所を除いて全ての収蔵庫に津波が進入し、内部の資料が呑み込まれた。近年改修したばかりの収蔵庫一か所のみ、分厚い鉄扉であったために津波の浸入から免れ、被害の規模は驚くほど小さいものであった。こうした事例から、収蔵庫の構造や強度が災害時の被害の度合に対して、極めて大きな影響を及ぼすことがわかる。

第2節　博物館資料を安全に輸送する

〔1〕基本的な考え方

輸送と環境管理

　輸送中の資料に発生する損傷は決してゼロではない。輸送中に発生する損傷の症状は、漆、絵具、金箔などの彩色や加飾のために塗られた塗膜の剥離や剥落、木材など部材同士の接合箇所の剥離や脱落、土製品の割損、黴の発生や害虫による食害、寸法変化による変形などが挙げられる。こうした目に見える変化が生じた場合は事故として扱われるが、輸送中の振動や衝撃による微小な変形や疲労の蓄積、あるいは温湿度変化によるわずかな形状変化など肉眼で感知できない領域の変化は見過ごされる。しかし、将来それらが破損や劣化に影響を及ぼす可能性は十分にある。したがって、事故の有無ではなく、輸送そのものが文化財資料の保存に大きな影響を与える作業であることをしっかりと認識しておく必要がある。

　輸送によって資料は本来の展示・保管場所から運び出され、トラックや飛行機によって目的地の博物館施設まで移動する。そこで展覧会などに出品され、役目を終えると再び同じ行程を辿って出発地に戻る。時には、巡回展などの展覧会では、更に別の目的地へ移動してから戻る場合もある。このように、資料は輸送によって本来の保管場所から遠く離れ、時には保存環境も異なる場所へと移動することになる。移動には梱包ケースが用いられ、梱包ケースに収まった資料は各種の交通手段によって移動するが、その間に梱包ケースが置かれる環境は博物館施設とは異なる。

　輸送には幾つかの行程があり、各行程毎に環境に配慮する必要があ

る。細かく見ると、往路では出発地での梱包、移動中の梱包ケース、目的地での開梱と展示、復路では目的地での梱包、移動中の梱包ケース、出発地での開梱と収納など、それぞれの行程における状況を予測しながら資料に適した環境を用意する必要がある。特に、出発地と目的地との間で温湿度の条件が異なる場合、あるいは輸送途中の外部環境が大きく異なる場合、到着直後の開梱は避け、資料が目的地の環境条件に順応するまで待たなければならない。

　資料を他館へ貸与あるいは他館から借用することが確定すると、次に輸送日程、梱包輸送方法、保険など具体的な仕様の検討に入る。梱包ケースは、環境変化を予測してそれに対応できるように気密性、断熱性、振動・衝撃に対する緩衝性をもたなければならない。輸送業者から仕様に基づいた提案を受け、提案に対して検討を行った上で最終的な梱包輸送の仕様を決定する。あとは仕様通りに輸送を行うことになるが、特殊な資料や特別な事情がある場合、また研究的な目的がある場合には、温湿度データロガー、加速度センサーなどの機器を用いて梱包ケース内で生じる温湿度変化、衝撃・振動などの測定を行うことがある（図表3-11）。測定データから、輸送中の資料が受けた影響を解析することが可能になり、輸送の安全性の評価とともに、今後の梱包・輸送方法の改善を促すデータを得ることができる。

　梱包ケース内の温湿度管理は、アクティブコントロールによって空調を行うようにはできない。温度変化はケースの断熱性に依存し、相対湿度変化は温度とともに資料、梱包材料、湿度調節剤などの内容物の吸放湿特性に依存する。温度

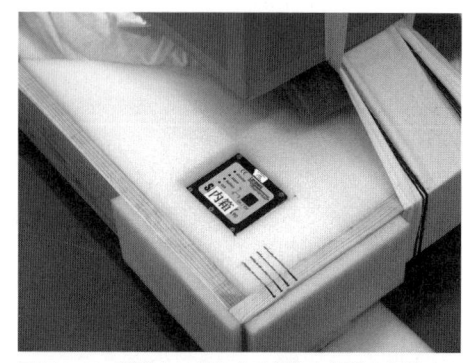

図表3-11　移動中に発生する振動と衝撃を記録するために梱包ケース内に設置された計測器

変化を小さく保つために断熱性を上げると、ケース全体の容量が増して輸送費に影響するため、むやみに断熱材を厚くはできない。密閉度が高いケースの場合には、相対湿度変化は温度変化に強く依存することになり、吸放湿性のある内容物が十分な量である場合には、相対湿度を表す数値の変化は温度変化の数値の 3/10 ほどになる。つまり、10℃の変化があれば相対湿度は 3%変動することになる。温度と相対湿度の変化がこのような関係にある限り、ケース内の資料には温湿度変化による膨張や収縮などの寸法変化は起こらないことがわかっている。航空機による輸送では短時間にある程度大きな温度変化は避けられないので、こうした関係になるような梱包に仕立てる必要がある。

梱包ケースの仕様を決定するにあたり、ケースの落下で生じる衝撃から資料を守るために必要となる衝撃緩衝材（クッション）の選定は、動的衝撃緩衝特性曲線と呼ばれるグラフを用いて、資料の重量、資料の底面積、衝撃の加速度から理論的にクッションの種類と厚みを判断することが可能である。そのためには、資料が破損する時の衝撃の大きさが事前にわかっている必要がある。つまり、資料の壊れやすさがわかっている必要がある。これを易損度という。実際には実験によってそれを確かめることは困難で、仮に一つの資料に関してわかったとしても、それを一般化することはできない。また、自動車、航空機、船舶、鉄道などの各輸送手段に備わる固有の振動の周波数と、輸送される資料の固有振動数が一致すると、いわゆる共鳴現象が起こって振動が局部的に増幅される。その結果、接着部分が破断して破損することもあり得る。これもまた、実物の資料の固有振動数を実験から求めるのは困難である。一方、輸送行程で生じる加速度や固有振動数は実際に測定が可能なため、事例をできるだけ多く収集して、行程がどのような状況であったかを理解しておくことは重要である。資料の脆弱さや固有振動数を直接測定できない現状において、さまざまな事前調査からそれらを推し量るしかない。最終的には、資料の状態と、これ

まで蓄積した輸送行程の環境データに基づいて、梱包の仕様を決定することになる。

輸送と資料管理

　輸送の適否の判断は、資料の保存状態によってなされなければならない。資料の貸与あるいは借用を検討する段階で、まず資料の保存状態が輸送に耐えるものであるかどうかの判断が必要である。そのためには目視による資料観察の他に、X線透過撮影などの検査によって目視では判別できない内部構造を確認することも極めて有効である（図表3-12）。

　また、年間の資料の公開時間はそれぞれに決められており、貸与・借用による公開ももちろんその枠内において実施可能である。しかし、近い過去において輸送の頻度が高い資料に関しては、保存状態あるいは公開時間の制限内の如何にかかわらず、輸送の適否を慎重に判断しなければならない。保存状態に応じて、輸送に耐えられる状態、事前に軽微な処置を行えば輸送に耐えられる状態、輸送に耐えられない状態のいずれに相当するかを判断し、軽微な処置を実施する場合には、処置後の状態を確認できる十分な時間を用意して処置に臨むことを忘れてはならない。

　資料の梱包輸送は貸与者（所蔵者）が自ら行う場合と、借用者の責任で行う場合がある。後者の場合には、借用する資料

図表3-12　X線透過撮影によって明らかになった鏡の亀裂

に対してより一層慎重な態度が必要となり、借用に先立って十分な事前調査を実施して資料への理解を深めておかなければならない。資料の梱包に先立ち、貸与側と借用側の責任者が資料の状態を確認し、資料の状態に対する認識が両者ともに一致していることを貸与点検簿などの記録用紙に書き留めて、両者それぞれが保管する。貸与側は借用者に資料の保存状態や取り扱い上の留意点を伝え、借用者はその点に十分気をつけながら以後の取り扱いに責任をもつ。借用者が梱包輸送を行う場合、資料の点検を終えた段階で資料は貸与者から借用者へ正式に貸与され、以後の資料管理の責任と梱包輸送の指揮は借用者が行うことになる。借用者は梱包輸送を担当する専門業者に対して的確な指示を出して、安全で確実な梱包を行う。万が一、取り扱い上で曖昧な点が見つかった場合には、その場にいる貸与者にあらためて確認をとる。貸与者側は梱包が終わり、資料が館を離れるまで見届けなければならない。借用者は輸送中の資料の安全を常に確認する立場から、資料とともに輸送手段のトラックや飛行機に同乗することが多い。

　目的地に到着後は馴化が必要な場合を除いて、余り長い時間をおかずに開梱を行う。開梱の手順は梱包の時と逆に行い、資料に異常があった場合にはその時点で開梱を止める。薄葉紙や緩衝材などの梱包材料は整理して保管し、返却の際の梱包に再利用できるようにする。梱包を解いて資料を取り出したならば、記録に照らしながら資料の状態を点検し、変化の有無を確認する。変化がない場合は一時保管庫あるいは展示室に運ぶ。開梱途中あるいは開梱後に変化を認めた場合はすぐに貸与者に報告を行い、その後の取り扱いは指示を仰ぎながら行う。その場合、貸与者が到着して状態を判断するまでは、資料は安全な場所でできる限りそのまま保管しておくことが基本である。なお、開梱を終えたケースは梱包材料と一緒に資料と同様な温湿度および生物環境に保管しておく。

輸送中に生じる損傷と原因

　温湿度の影響は全ての資料に及び、変形や黴の発生をもたらす可能性がある。一方、振動・衝撃に関しては、小型で軽量な絵画あるいは工芸資料は比較的影響を受けにくい。大型で重量があり、かつ接合部が多い資料や本体の素材自体が崩壊しやすい資料は影響を受けやすい。

　振動と衝撃による影響を受けやすい資料として、木彫像、塑像、石彫像、埴輪、土器、樹脂含浸処理された金属出土遺物などがある。木彫像は、腕、天衣など体幹部から離れ、細く長い形状部分の接合部に剥離や脱落が発生しやすく、また、漆、絵具、金箔など加色や彩色部の剥離や剥落が輸送中の事故として考えられる。塑像や石彫像は部材自体の部分的な崩壊、埴輪や土器は接合部に隣接した位置での割損や破損が生じやすい。樹脂含浸処理などの保存処置を施した金属出土遺物は、処理の目的が形状の維持を目的とすることが多く、したがって構造的な強化が不十分であるために破損を生じることがある。

　梱包ケースの内部で、黴の発育条件に合致した温湿度環境が形成されると、黴の発生が急速に拡大し大きな被害になる。外気温の急激な上昇に伴ってケース内部の温度が上昇すると、資料や梱包材料に含まれる水分がケース内の空気中に放出され、その結果ケース内の相対湿度が上昇して黴の発育に適した条件になる可能性がある。この現象は「蒸れ」と呼ばれ、船舶による輸送の時に赤道を通過する際に見られる現象である。また、出発地で侵入した害虫がそのまま梱包ケースの中で目的地まで輸送されて、開梱時に相手方の博物館施設に移動して侵入することも十分に考えられる。輸送中に資料が食害される心配もあるが、輸送を通して害虫が他所に拡散する点が問題である。

　輸送中に資料に生じた損傷の原因は、輸送の同伴者が記録した行程を丹念に追跡することで推定が可能になる。あわせて、梱包ケース内の温湿度あるいは衝撃・振動などを正確に記録したデータがあれば、その推定はより確かなものになる。

〔2〕大型の仏像の輸送事例

特別展の開催

　東京国立博物館、唐招提寺、TBS、日本経済新聞社が主催する特別展「金堂平成大修理記念　唐招提寺展　国宝鑑真和上像と盧舎那仏」（会期 2005〔平成 17〕年 1 月 12 日〜3 月 6 日）に出品するため、唐招提寺所蔵の国宝「盧舎那仏坐像」（図表 3-13）を梱包、輸送した。本坐像は脱活乾漆造で、8 世紀に製作された巨大な仏像であり、これまで寺外に運ばれたことはなかった。

資料の事前調査

　唐招提寺金堂の修理に伴い、盧舎那仏本体の修理が 2000（平成 12）年から 2002（平成 14）年にかけて実施されている。今回の修理では、大きな亀裂が生じている表面の乾漆層の処理が行われたが、内部の処置は行われていない。修理後の像の状態は概ね次の通りであった。1) 背中に亀裂が多く、修理で剥落止めはされているものの、梱包に際しての押さえどころが難しい、2) 首には大きな亀裂があり、背面は薄く漆による布貼り一枚のみで繋っていると考えられる、3) 右膝は内部に木枠があるために大きく亀裂が生じている、4) 左の裳裾部は薄く、力を加えると構造的に弱いなど、固定のために表面から力を加えにくい状態であった（図表 3-14）。

　内部構造は、1) 左手首先は本体から分離する、2) 像内には頭部から地付部に至る芯材が通っているが、底板には固定されず遊びがある（X 線透過写真で確認）、3) 内部は木枠がある以外は空洞なため、前後からの圧力に耐え得るのか不安がある、4) 木枠と乾漆層との固定の状態が不明瞭なため、振動によってそれらが別々に動き出す危険性がある、などであった。

今回新たな修理が実施されているとはいえ、乾漆層に生じている大きな亀裂、内部の木組みと乾漆層との固定の状態、心材の遊びなどが考えられるため、像に伝わる振動と揺れを可能な限り小さくすることが対処すべき重要事項であることが確認された。なお、像本体の総重量は 470kg、総高 304.5cm である。

図表 3-13　国宝「盧舎那仏坐像」

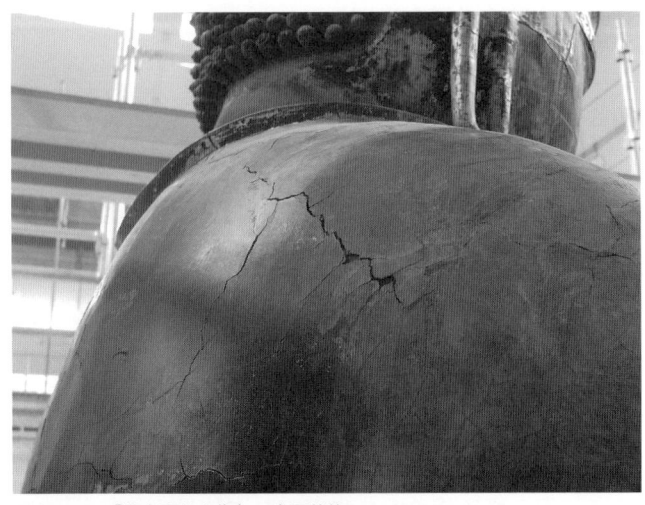

図表 3-14　「盧舎那仏坐像」の表面状態

梱包輸送の仕様の決定

　そのため、輸送にあたっては仏像の内部構造の確認、大型かつ脆弱（ぜいじゃく）ゆえに生じるさまざまな問題への対処に多くの時間を要した。梱包ケースが大型であるために特殊なトレーラーが必要であり、かつそれらが公道上を走行すること自体が道路交通法の限界であり（東名高速道路は幅 3m、高さ 4m、長さ 16.5m）、国土交通省への届出が必要な内容であった。

　こうした条件の中で、可能な限り高度な安全対策を梱包ケースと輸送手段に対して施す必要があった。具体的には、梱包ケースがトレーラーの荷台でむき出しの状態になるので、雨や風、打撃等への対策、真冬の輸送になるため急激な温度変化に対する対応、安定した相対湿度維持への対策、梱包ケース内に伝達する振動と衝撃への対策、博物館で移動する際の振動衝撃対策などである。これらに対応できる処置を包含した上で、法的規制の範囲内で梱包ケースを製作する必要があったため、特別展としてははじめて事前の走行試験を実施することになった。実際に使用するものと同寸の梱包ケースにダミーの仏像を梱包し、同種のトレーラーで一般道と高速道路を走行し、その結果に基づき輸送の詳細を決定した。

梱包と輸送

　像の表面は亀裂が生じた箇所が多いため、最初に薄葉紙で養生（ようじょう）し、次に生綿で全体を覆ってから、木綿布（晒し（さらし））で全体を巻いた。さらにウレタンで覆い、網を掛けて養生全体を保護した。構造的に弱い首にかかる負担を軽減するために竹ひごで補強することにした。竹ひごで頭部と胸部を連結するように保護することで、竹のしなりを利用して振動の影響を緩和する方法で、文化財の梱包に稀に用いられることがある。振動によって像内の木枠と乾漆層がずれて、像が歪まないように、像を格子状の木枠に固定して輸送中の前後左右上下の動きを緩

最外層には厚い防水シートをかぶせて
全体を保護する

防水シート
29.0kg

梱包ケースの断熱性を高めるためにバリ
ヤメタル（アルミ蒸着されたシート）を
かぶせる

バリヤメタル
8.0kg

PEシート（ポリエチレンシート）を梱
包ケースへ固定するために、ストレッ
チフィルムを巻く

ＰＥシート＋ストレッチフィルム巻き
6.0kg

密閉性を高めるためにPEシートを全体
にかぶせる

鉄の格子に鉄板を貼り付け、内側には
調湿ボードが貼られている

鉄枠 1764.0kg

※ヒザ位置で上下にわける→

木枠+梱包材 961.5kg

※ヒザ位置で上下にわける→

内枠鉄板、鉄板と木枠は、接合されて
一体となりそこに像が固定される

本尊：470.0kg

鉄板 223.5kg

内枠鉄板 782.0kg
アイソレーター（WR16-400-08）
防振ゴム
外枠鉄板+アイソレーター 1283.0kg

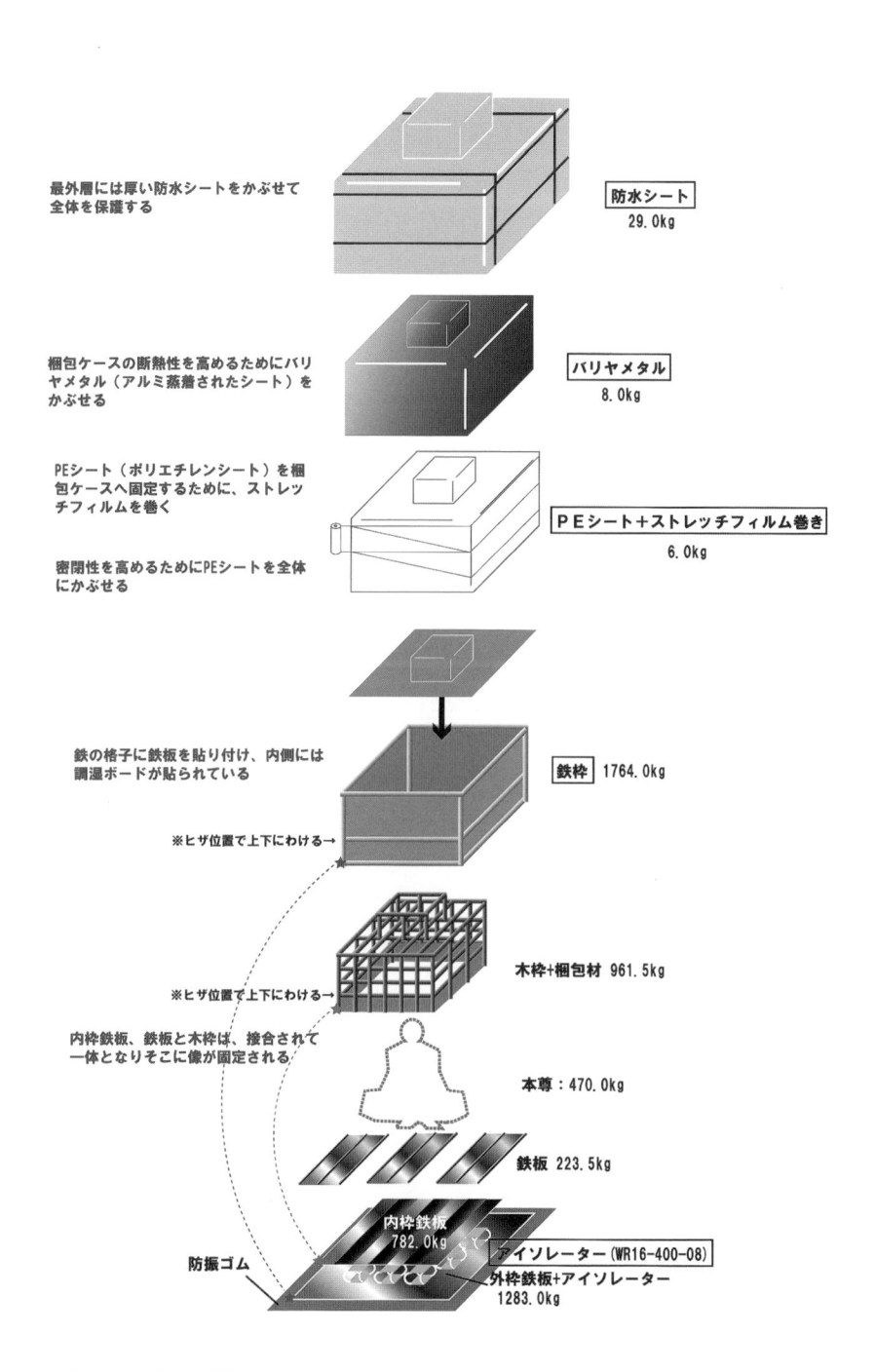

図表 3-15　梱包の手順

第 3 章　環境と予防保存　125

和した。

　移動および展示中の像は表面を木綿布で保護した鉄板に載せ、像の取り扱いは常に鉄板を持ち上げて移動させた。さらに、像に伝わる揺れや振動を緩和するための対策として防振器（アイソレーターWR16-600-08）を導入し、その効果については先に述べたように事前の走行試験により確認した。梱包ケースは、格子状に木枠を組んだ内箱と鉄製の外箱で構成され、底面に組込んだ防振器で内箱と外箱がジョイントされる構造とした。外箱の振動が内箱に伝わりにくくしているわけである。

　道路あるいは博物館内を像が移動する際には、常に像は防振器に載せた状態とした。梱包ケース内の内装材は調湿性能が高いものを使用し（木材、薄葉紙、トライウォールの合計は 900kg 以上）、相対湿度の維持を図った。温度変化に対しては、内部の状況を確かめながら、馴化のための時間を十分にとって開梱を行った（図表 3-15）。

　輸送用トレーラーはエアーサスペンションつきの低床タイプを使用し、移動中の振動衝撃データは環境計測器（IST 社 EDR-3D、LANSMONT 社製 SAVER 3X/90）、温湿度データはデータロガー（VERITEQ 社 SPECTRUM2000）で記録した。外箱、内箱の重量はそれぞれ 3154kg および 1861kg で、防振器にかかる総重量が 2452kg、梱包全体の重量が 5661kg であった。唐招提寺から東京国立博物館までトラックには東京国立博物館の職員が同乗し、仏像の安全管理にあたった。

第3節　保存箱で安全な環境をつくる

〔1〕温湿度の安定

木製保存箱

　本章第1節で触れた通り8世紀に建立された正倉院宝庫は、校倉造りの木造建造物である。温湿度の測定によって、倉の内部は外気よりもはるかに安定した環境であることが明らかになった。長年の風雪に耐えた外壁の板の表面は、風化が進んでえぐられたようになっているが、それでも、厚いヒノキの板は倉の内部の環境を守り続けている。杉あるいは桐箱の内部の温湿度変化も、外部に比較して同じように小さいことがわかっている。これらの現象は全て木材の調湿効果によって説明できる。正倉院宝物は、厚い木材で建造された木造の倉、そこに置かれた木製の木箱、その中に収納されることで、極めて安定した環境で長期間保管されてきたことになる。それによって、宝物の劣化は最小限に抑えられ、今日まで伝えられてきた。こうした経験を通じて日本人は、保管施設所や保存容器の考え方を学んできたし、確かにそれは有効な方法であることが科学的に確かめられている。

　木製保存箱には用途によってさまざまな形態があり、蓋(ふた)の構造で名称が決まる。被せ蓋、台差し、桟蓋(さんぶた)、印籠蓋(いんろうぶた)、倹飩蓋(けんどんぶた)、落し蓋など各種あるが、中に納める

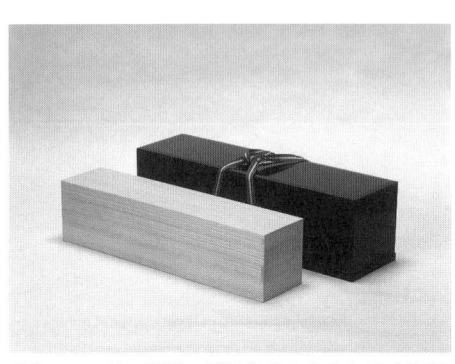

図表 3-16　箱の種類：黒漆塗りの台差し箱（外箱）と木地のままの印籠箱（内箱）

第3章　環境と予防保存　127

内容によって適切なものを選ぶ（図表3-16）。東洋絵画や書跡を収納する時は、主に印籠蓋の箱に納め、時にはその箱を更に台差しあるいは落し蓋の箱に入れて、二重にすることがある。陶磁器は桟蓋に入れられることが多い。現在使用される箱の材料は、一般的には桐である。正倉院宝庫で使用された唐櫃は杉製の箱で、桐材が多用されるようになるのは近世以降のことと考えられる。明確な時期を特定しにくいが、近世以降は日常使いのものは杉、比較的大切に扱うものは桐というような使い分けが個人レベルでは存在した形跡もある。

吸放湿性能

　木材は空気中から水分を吸収したり、あるいは木材が保持する水分を空気中へ放出したりする性質がある。これを「吸放湿」という。木材に含まれる水分の量は温度と湿度の両方に依存し、温度の上昇とともに減少し、湿度の上昇とともに増加する。そしてその逆もある。空気の相対湿度が変化すると、木材はその状態に順応しようとして水分

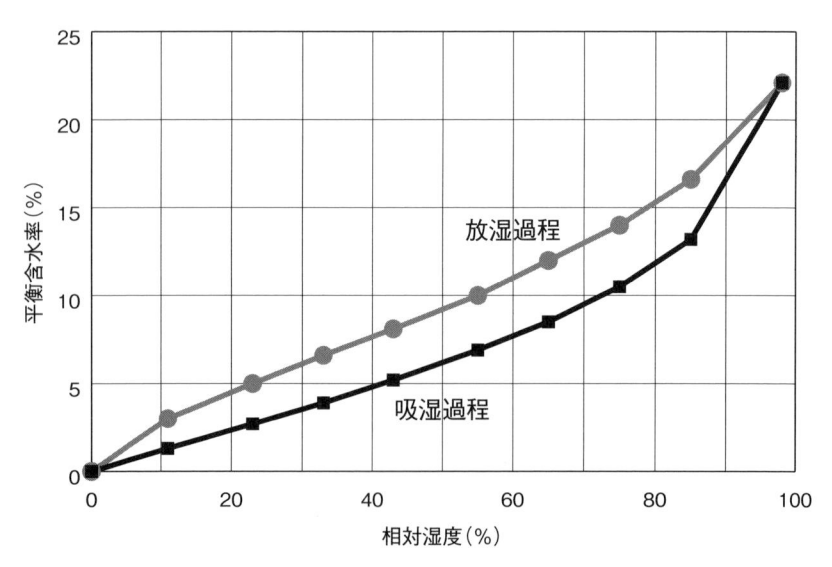

図表 3-17　木材の吸放湿曲線（15 年間乾燥させた桐材の例、乾燥時の比重：0.243956g/cm³）

を吸収、あるいは放出する。この性質を木材の「吸放湿性能」という（図表 3-17）。反応が早くかつ沢山の水分を吸放湿する木材ほど吸放湿性能が高いといえる。木材の種類によって吸放湿の早さは異なり、密度が小さい樹種の方が一般的には早く、したがって桐材はこうした点で優れた木材であるということができる。無機質のシリカや珪藻土にも高い性能が備わっており、この性能を利用して乾燥剤はでき上がっている。

調湿効果

　吸放湿性能が高いほど調湿効果も高い。桐箱の中に低い相対湿度の外気が侵入した場合には、桐材は低い相対湿度に順応しようとして水分を放出するため、結果的に空気は水分を与えられることになり、箱の中の相対湿度の低下が止まる。逆に高い外気の場合には、水分を吸収して相対湿度の上昇が抑制される。このようにして、外気の侵入による相対湿度の変化は抑制され、内部の相対湿度は安定に保たれる。桐箱に限らず吸放湿性能をもつ素材ならば、程度の差はあるもののこうした調湿効果がある。シリカや珪藻土は乾燥剤としてだけではなく、木材と同じように調湿剤として使用する。木材よりは水分の吸放出量が多く、かつ反応が早いため、優れた調湿効果を得ることができる。

　木製保存箱の能力は木材の種類に依存すると同時に、箱のつくりに大きく左右される。つまり、隙間が多く密閉性の低い箱では、外気の影響が大きすぎて木材の性質が現れにくい。したがって、安定した相対湿度を維持するには箱のつくりに気を配らなければならないし、蓋の形態についても配慮する必要がある。良質の桐材でつくられた密閉性の高い箱の場合、一日の間で生じる相対湿度変化に関して、内部の変化は外気に対して 1/10 程度まで緩和されることがわかっている。

〔2〕擦れ、汚れ、衝撃から守る

紙製保存箱

　保存箱は木箱だけではなく、厚紙を用いた紙箱や紙を芯にして周りを布で覆った秩なども使用される。木製保存箱のように優れた調湿効果はないが、使用される紙の厚さによって多少の効果は期待できる。

　紙箱の場合、調湿効果を期待するよりも、収納物を汚れや摩耗から守ることへの期待が大きい。たとえば、和本は洋本のように立てることができないため、寝かせた状態で何冊かを重ねて収納する（図表3-18）。当然、重なりの下にある本には大きな重量がかかるし、取り出す時には重なりの間から抜くように引き出されるため、摩耗が激しい。また、立てた場合に比較して寝ている方が埃の堆積も多く、汚れが付着しやすい。これらの影響を軽減するために、和本は紙箱や秩に入れて保管されることが多い。

　本に限らず、あらゆる資料は裸の状態で棚に収納されるよりは、紙箱に入れて棚に納める方が、遥かに安定した状態を保つことができる。箱が用意できない場合には、封筒のような袋状のものでも代替できる。木製保存箱は更に温湿度調節にも優れた箱であるが、製作コストが紙箱と比較して遥かに高いこと、かさ張ることなどから、状況にあわせた使い分けがなされることが望ましい。

　プラスチック製の衣装ケースに納められていた資料が、東日本大震災によって津波を被り、津波が引いた後も長らくケースの中に海水が残り、気温の上昇と

図表3-18　和本の収納

ともに黴やバクテリアが繁殖して異臭を放つほど腐蝕が進んだ例が見られた。こうした点から見ても、収納容器は紙や木材を用いる方がより安全であるといえる。

衝撃の緩衝

　地震が資料に及ぼす直接の影響は、揺れによる資料の転倒と高所からの落下による破損である。そのため、展示室では免震装置を用い、テグスで固定して転倒を防止している。収蔵庫内では落下を防止するために、収納棚に落下防止用の柵を設け、棚の前面に扉や網をつけて、落下に対処している例は多い。こうした対処は資料の落下被害を小さくすることは間違いないが、より安全性を高めるためには、木製の保存箱に資料を収納しておくことである。木製の箱は衝撃から内部の資料を守る緩衝性が高く、優れた保存容器である。陶磁器、考古遺物の鏡等の青銅製品の類は、それぞれ桐箱に入れておくことで安心感が増す。

　1995（平成7）年に発生した阪神・淡路大震災では、桐箱入りの陶磁器が2m近く棚から落下しても破損しない例があった（図表3-19）。一方では、裸のまま収納棚に置かれた壺がぶつかり合って、全て大破した例もあった。

図表3-19　棚から落下した桐箱

第3章　環境と予防保存　131

〔3〕成分に注意する

酸性物質

　木材に含まれるヘミセルロースは高温高湿の条件下で加水分解という反応を生じ、酢酸を生成することが知られている。また、主要成分のセルロースとリグニンはもともと弱酸性である。しかし、よく乾燥して枯らした木材を使用すれば酸性物質の量は少なく、金属などを腐蝕させる危険は小さい。よく枯らしてあれば木材に含まれる水分量も十分に低くなっているため、収蔵環境が適切なレベルにある限りは酢酸を生成する可能性は小さい。

　また、箱の製作や布の接着などに使用される木工用の接着剤は、酸性物質を含む場合がある。そうした接着剤の使用はできるだけ避けるべきであるが、使用されていることが明らかな場合には、1か月程度は箱の蓋を開放して酸性物質を放散させてから使用する。材料に関する素性が不明な既製品は、同じように少なくとも1か月程度は蓋を開けたまま放置し、それから使用するとよい。

アルデヒド類

　ホルムアルデヒド（HCHO）、アセトアルデヒド（CH_3CHO）は木材、紙、布の接着剤に含まれている場合があり、特に注意を要するのが合板である。アルデヒド類は化学的親和力が強いために、タンパク質を凝固または変質させる働きがある。人体に影響が及ぶだけではなく、絹や皮革製品など製作材料にタンパク質を含む資料は影響を受けやすい。

気密性

　木製、紙製に限らず箱の気密性が高いと、内部の相対湿度が安定し、

かつ外部から塵埃や汚染された空気が入りにくくなる。一方、箱の材質から放散される有害な気体は、気密性が高いほど内部に留まりやすく、資料に影響を及ぼす可能性が高くなる。このように、高い気密性の箱には功罪があるため、気密性を意図的に高める場合には材質を十分に吟味しなければならない。信頼性のある材質を選択できていない可能性が高い場合は、高い気密性は避けるようにすべきである。

　材質についての理解がどのようであれ、全ての箱は使用する前に蓋を開け、十分に揮発性物質を放散させてから使用することを勧める。これも枯らしの一種である。

枯らし

　木製保存箱に使用する木材は、よく乾燥して各種の揮発性物質や抽出成分が減少したものを使うことによって、資料への影響を小さく抑えることが可能である。伐採されたばかりの樹木は水分と各種の成分を大量に含んでいるが、「枯らし」の工程を経ることによって安定した状態の木材になる。数年にわたって枯らした桐は水分や各種の成分に関して極めて安定し、保存箱として安心して使用できる材料になる。しかしながら、枯らし期間が長いものほど木材の単価も上昇するため、箱の値段は高くなる。

参考資料

- George L. Stout: *The care of pictures*, Dover Publications, 1948
- 高分子学会高分子と吸湿委員会編『材料と水分ハンドブック』共立出版、1968
- 登石健三編『古美術品保存の知識』第一法規出版、1970
- 森田恒之訳『絵画材料事典』美術出版社、1973
- 今村博之／安江保民／岡本一／横田徳郎／後藤輝男／善本知孝編『木材利用の化学』共立出版、1983
- 神庭信幸「天然素材の湿度調節剤への応用」『国立歴史民俗博物館研究報告』12集、pp.139-186、国立歴史民俗博物館、1987
- Nathan Stolow: *Conservation and exhibition*, Butterworth & Co. Ltd. 1987
- 神庭信幸「博物館展示照明が色材料に及ぼす作用効果（1）」『国立歴史民俗博物館研究報告』16集、pp.263-289、国立歴史民俗博物館、1988
- 神庭信幸「輸送中に生じる梱包ケース内の温湿度変化」『古文化財之科学』34号、pp.31-37、文化財保存修復学会、1989
- 神庭信幸「博物館展示照明が色材料に及ぼす作用効果」『照明学会誌』第74巻第4号、pp.191-196、照明学会、1990
- Nobuyuki Kamba: "Variation In Relative Humidity and Temperature As Measured In A Package Case", *Preprints of the 9th Triennial Meeting of ICOM Committee for Conservation, Dresden*, pp.405-409, 1990
- 神庭信幸「ブルースケールを用いた積算照度の測定と天然染料の堅ろう度の測定」『古文化財之科学』35号、pp.23-27、文化財保存修復学会、1990
- 神庭信幸「相対湿度変化に対する収納箱の緩和効果」『古文化財之科学』37号、pp.36-45、文化財保存修復学会、1992
- 江本義理『文化財をまもる』アグネ技術センター、1993
- 神庭信幸／田中千秋「輸送中の梱包ケース内における温湿度環境と調湿剤の効果」『古文化財之科』38号、pp.28-36、1993
- Nobuyuki Kamba: "Performance of Wooden Storage Cases in Regulation of Relative Humidity Change", *Preprints of the IIC Congress on Preventive Conservation, Ottawa*, pp.181-184, 1994
- 神庭信幸／田中千秋「梱包ケースの断熱と結露の発生」『古文化財之科学』39号、pp.8-18、文化財保存修復学会、1994
- 安江明夫／木部徹／原田淳夫編『図書館と資料保存』雄松堂出版、1995
- 神庭信幸「文化財の輸送、展示、収蔵のための小空間における湿度・水分の変化に関する保存科学的研究（博士学位論文）」東京藝術大学、1997.3
- 神庭信幸「博物館における相対湿度環境に関する研究動向（1）──小空間の

特性」『国立歴史民俗博物館研究報告』76 集、pp.55-81、国立歴史民俗博物館、1998
- 文化庁文化財保護部美術工芸課監修『文化財保護行政ハンドブック』ぎょうせい、1998
- 米田雄介／樫山和民『正倉院学ノート』朝日新聞社、1999
- Jonathan Ashley-Smith: *Risk assessment for object conservation*, Butterworth-Heinemann, 1999
- 神庭信幸「展示ケースの保存科学的性能の向上と標準化を目指して」文化財保存修復学会大会実行委員会編『文化財保存修復学会第 22 回大会講演要旨集』、pp.30-31、文化財保存修復学会、2000
- 島村敏昭／板倉嘉哉／神庭信幸「展示ケース流れのシミュレーション」『文化財保存修復学会第 20 回大会予稿集』pp.128-129、文化財保存修復学会、1998
- 神庭信幸「国立歴史民俗博物館の保存環境に関する調査研究の活動報告（平成 9 年まで）」『国立歴史民俗博物館研究報告』77 集、pp.129-174、国立歴史民俗博物館、1999
- 神庭信幸「〔総説〕梱包ケース、保存箱、展示ケースにおける小空間内の相対湿度の特性」『保存修復学会誌』vol.44、pp.80-90、保存修復学会、2000
- 神庭信幸「大型絵画の輸送と展示――ウジェーヌ・ドラクロワ作《民衆を導く自由の女神》」『MUSEUM』569 号、pp.5-32、2000
- 文化財保存修復学会編『文化財の保存と修復 2 ――博物館・美術館の果たす役割』クバプロ、2000
- 橋本修左／井上晴久／竹氏宏和／神庭信幸「展示ケースの気密性評価方法に関する検討」『文化財保存修復学会誌』vol.44、pp.41-51、文化財保存修復学会、2000
- 大釜敏正／石川弘幸／神庭信幸／則元京「木材およびセラミックス系人造木材の調湿効果」『木材学会誌』vol.47、No.2、pp.97-102、日本木材学会、2001
- 神庭信幸／澤田むつ代／土屋裕子／和田浩「環境保全計画（Preventive Conservation）のすすめ」文化財保存修復学会大会実行委員会編『文化財保存修復学会第 23 回大会講演要旨集』、pp.18-19、文化財保存修復学会、2001
- 神庭信幸「総合的有害生物管理（Integrated Pest Management）のすすめ—薬剤を多用した生物コントロールからの脱却にむけて」『全科協ニュース』vol.31、No.4、全国科学博物館協議会、2001
- Jill Snyder: *Caring for your art*, Allworth Press, 2001
- 成瀬正和「正倉院北倉の温湿度環境」『古文化財之科学』46 号、pp.66-75、文化財保存修復学会、2002

- 神庭信幸「文化財の梱包と輸送」水口眞一監修『輸送・工業包装の技術』、pp.1110-1118、フジ・テクノシステム、2002
- 三浦定俊／佐野千絵／木川りか『文化財保存環境学』朝倉書店、2004
- 神庭信幸／中野未音／前田昌孝／川嶋満次／東孝志／鈴木幹夫／安田由紀子「地震対策としての免震装置の適切な利用法に関する検討」文化財保存修復学会大会実行委員会編『文化財保存修復学会第27回大会研究発表要旨集』、pp.86-87、文化財保存修復学会、2005
- 神庭信幸／和田浩／岩佐光晴／今北憲／高木雅広／梅沢弘久「大型脱活乾漆像の梱包輸送と振動・衝撃対策」文化財保存修復学会大会実行委員会編『文化財保存修復学会第27回大会研究発表要旨集』、pp.42-43、文化財保存修復学会、2005
- 和田浩／神庭信幸「博物館環境のリスクアセスメント」『MUSEUM』No.600、pp.93-106、東京国立博物館、2006
- 神庭信幸／和田浩／塚田全彦／塩澤秀樹／細田勉「小型湿度調整装置による展示ケース内の相対湿度の安定化」文化財保存修復学会大会実行委員会編『文化財保存修復学会第28回大会研究発表要旨集』、pp.222-223、文化財保存修復学会、2006
- 佐々木利和／松原茂／原田一敏編『博物館概論』放送大学教育振興会、2007
- 神庭信幸／塚田全彦／和田浩／今北憲／高木雅広「文化財の海外輸送時に計測された各行程別の振動・加速度特性」文化財保存修復学会大会実行委員会編『文化財保存修復学会第29回大会研究発表要旨集』、pp.76-77、文化財保存修復学会、2007
- 神庭信幸／和田浩「相対湿度の安定化とポータブル除加湿器の効果」文化財保存修復学会大会実行委員会編『文化財保存修復学会第29回大会研究発表要旨集』、pp.276-277、文化財保存修復学会、2007
- 神庭信幸／塚田全彦／和田浩／市川佐織／金鐘旭「収蔵庫内の空気成分に関する長期的なモニタリング」文化財保存修復学会大会実行委員会編『文化財保存修復学会第30回大会研究発表要旨集』、pp.40-41、文化財保存修復学会、2008
- Jerry Podany Ed: *Advances in the Protection of Museum Collection from Earthquake Damage*, Getty Publication, 2008
- 神庭信幸、和田浩、高木雅広、今北憲「国際航空貨物における留意点——文化財の輸送環境調査より」『第47回全日本包装技術研究大会：研究事例発表資料』、pp.1-4、日本包装技術協会、2009
- Nobuyuki Kamba, Hiroshi Wada: "The characteristic of vibration during a transport

of cultural heritage", 2009 International Symposium on Conservation of Cultural Heritage in East Asia, Oct 18, 2009, Beijing
- J.P. ゲッティ美術館／国立西洋美術館編『美術・博物館コレクションの地震対策』国立西洋美術館、2010
- 佐野千絵／呂俊民／吉田直人／三浦定俊『博物館資料保存論――文化財と空気汚染』みみずく舎、2010
- 高木雅広／今北憲／神庭信幸／和田浩「文化財安全輸送のための取組事例」『日本包装学会第19回年次大会研究発表会予稿集』、pp.137-137、日本包装学会、2010
- 神庭信幸／和田浩／金子啓明／丸山士郎「阿修羅立像の梱包技術」文化財保存修復学会大会実行委員会編『文化財保存修復学会第32回大会研究発表要旨集』、pp.304-305、文化財保存修復学会、2010
- 和田浩／神庭信幸／金子啓明／丸山士郎「阿修羅立像梱包箱の防振効果」文化財保存修復学会大会実行委員会編『文化財保存修復学会第32回大会研究発表要旨集』、pp.26-27、文化財保存修復学会、2010
- 鈴木晴彦／米倉乙世／沖本明子／神庭信幸／土屋裕子「紙資料の保全を目的とした機能的な展示用装丁の開発――多様な形態の紙資料に対応した展示に於いて」文化財保存修復学会大会実行委員会編『文化財保存修復学会第32回大会研究発表要旨集』、pp.184-185、文化財保存修復学会、2010
- 米倉乙世／鈴木晴彦／沖本明子／神庭信幸／土屋裕子「書見台の新案と活用例――安全に展示するための工夫」文化財保存修復学会大会実行委員会編『文化財保存修復学会第32回大会研究発表要旨集』、pp.302-303、文化財保存修復学会、2010
- 神庭信幸「文化財を守る――展示の工夫」文化庁文化財部監修『月刊文化財』4月号、No.571、pp.16-17、第一法規、2011
- 神庭信幸「東京国立博物館の保存環境の管理」『文化財の虫菌害』No.61、pp.3-9、文化財虫菌害研究所、2011
- 神庭信幸「展示手法の変化に見る保存とデザインの関係性」『博物館研究』vol.47、No.1、523号、pp.14-21、日本博物館協会、2012
- 日本博物館協会編『博物館資料取扱いガイドブック――文化財、美術品等梱包・輸送の手引き』ぎょうせい、2012
- 石崎武志編『博物館資料保存論』講談社、2012
- 佐々木利和／松原茂／原田一敏編『博物館展示論』放送大学教育振興会、2013
- Sarah Staniforth Ed: *Historical Perspectives on Preventive Conservation*, The Getty Conservation institute, 2013

第 4 章　劣化と修理保存

第1節　修理を行う前に状態を調査する

〔1〕状態の診断と記録

　修理は資料に少なからぬ影響を与える。修理の内容によって影響の程度は異なるが、修理後の姿は修理前と比較すれば確実に変化している。裂けや割れなどの破損部に処置がなされれば形状は変わり、洗浄によって表面の汚れが除去されると色彩や明るさに変化が生じる。変化は修理によって必然的にもたらされるものであると同時に、その変化は可能な限り小さくする努力が修理には求められる。

　今日の考え方では、修理による状態の変化は確実に記録され、修理結果を検証できるようにしておく必要がある。また、資料の伝来経緯など歴史的な考察を行う時も、古い画像や記録から有益な証拠を得ることが可能になる。つまり、修理に関与する者は自らが実施する処置の内容とともに、修理前後の資料の記録を将来に受け渡す責任を負うことになる。修理に伴う資料の状態の変化を、可能な限り情報量が多い方法で記録することによって、修理前の姿を確認できるようにすることが必要である。こうした観点から、修理前、修理中、修理後の調書と写真記録は必須である。

高精細画像

　2000年代に入るとデジタルカメラが普及し、現在ではフィルム撮影に代わりあらゆる分野で用いられている。フィルム画像はデジタル画像に比べ画像解像力と長期保存性に優れているという観点から、しばらくはフィルムが継続して利用され、両者が共存していた時期があったが、現在はデジタル機器の急速な普及がフィルムを駆逐したと

いってよい。しかし、デジタル画像の保存は、画像フォーマットや記録媒体の定期的な保守管理を確実に行わない限り保証されないため、フィルムを用いていた時代とは異なることを念頭において利用すべきである。高精細は解像度が高い画像を意味する。高精細といってもさまざまなレベルがあるが、デジタル一眼レフカメラで1000万画素以上の画像が得られるようになり、フィルム画像に対しても遜色はない。より大型のデジタルカメラを使用すれば解像度は更に上がる。大きな資料を撮影する際には、分割撮影した画像を合成して高解像度を得る方法と、大型のデジタルスキャナーで直接入力する方法がある。

拡大観察

　資料の状態観察は、修理前調査では必ず行わなければならない。実際に資料を取り扱う時に経験する資料の不具合や、不安定な状態を感じる位置について、肉眼で確認する。資料のマクロ的な状態を把握するのに肉眼の能力は高く、洞察力を働かせながら観察することで、問題箇所の深刻さや原因を推定することができる。精度の高い推定を行うためには、関係者から丁寧な聞き取りを行うことも重要である。残念ながら肉眼では細部を観察する能力に限界があるため、ルーペなどの拡大鏡あるいは実体顕微鏡などを用いた拡大観察で、より正確な状態把握と原因究明につなげることができる。

　たとえば、絵具と地塗りの固着状態、破損箇所の破断面の状態、紙や布の繊維や糸の状態、黴胞子の繁殖状態の確認は顕微鏡などで拡大することで判断材料を得ることができる。拡大率は数倍から数十倍で十分であり、それほど高い倍率は必要ない。種類としては、数倍程度の低倍率ならばルーペや拡大鏡、眼鏡のように顔に掛けて使う拡大鏡、数十倍程度ならば実体顕微鏡などがある。実体顕微鏡を用いると細部を立体的に観察することができるため、レンズを覗きながら、同時にやわらかな筆先や竹串などで触って観察位置の状態を触診することが

できる。

　和紙に描かれた絵画や書跡の修理では、欠損部を紙で充填(じゅうてん)する際に、オリジナルの紙に近い和紙を製作して用いることがある。そのため調査段階で、資料の裏面から微量の和紙の繊維を採取して繊維を分析することがある。採取された繊維は光学顕微鏡で、植物の種類、繊維の長さ、添加物の種類などが検査される。検査結果に基づいて材料を配合して漉(す)いた和紙が修理用として使用される。

旧修理

　幾世代にもわたって受け継がれてきた貴重な資料は、過去に何度かの修理を受けている可能性があるため、修理に先立って過去の修理で加えられた旧修理を確定し、記録する必要がある。しかしながら、肉眼によって旧修理とオリジナルとの間に明確な相違を見出すことができるとは限らないので、特殊な方法によってその存在の確認と位置の確定を行う。

　幾つかの方法が知られているが、紫外線蛍光撮影は旧修理箇所の確認のための効果的な方法としてしばしば用いられる。紫外線を照射された部位が発する蛍光の波長や強度は材質毎に差があることを利用して、資料表面から発せられる蛍光の状況を記録する方法である。最も効果的な例としては補彩の有無の判断がある。肉眼では同じような色彩に見えていても、オリジナルの絵具と補彩絵具では経年から生じる劣化の差、あるいはそもそも材質的な差があり、したがって両者が発する蛍光に差があることから補彩絵具の存在を確認することができる。

　仏像や工芸資料などの立体物は、X線透過撮影を行うことで旧修理が明確になる場合がある。オリジナルと旧修理箇所で部材の材質が異なる時、X線の透過率の違いから明確な差を認めることができる。立体物の場合には、旧修理の分布の他に、オリジナル部分との接合の仕方について確認することが必要である。特に、旧修理の表面が補彩絵

具で厚く覆われている場合には、その下層の状態を確認することが困難である。たとえば、破損部を接合した陶磁器は破損箇所を隠すように厚く補彩で覆われている場合があり、表面からは破損の状況を確認することが難しい。X線透過撮影の他に、赤外線反射撮影でも下層の状態を調べることができる。近赤外線は透過力があるため、資料の表面を覆う補彩絵具など旧修理を透過して、下層にあるオリジナルの状態を確認することができる。

耐溶剤試験

　経年劣化の原因が化学的な作用による場合、資料の材質は当初の状態よりも相当に脆弱(ぜいじゃく)である。修理の過程では、水の他にさまざまな有機溶剤が資料表面のクリーニング、あるいは接着剤の一部として用いられるため、脆弱な材質がそれらに耐えられるかどうかを修理前の事前調査で確認しておく必要がある。検査は最も影響の小さな水からはじめて、徐々に強い溶剤へと進めていく。各々の溶剤に対する反応を記録して、修理の際に役立てるようにする。

　溶剤に対する強度は必ずしも劣化によって低下するだけではなく、資料の製作時点で使用される材料の使い方によっても低下する。たとえば、油彩画で使用される油絵具は本来は比較的強いが、絵具の主成分である乾性油を取り除くようにして製作された油彩画は、そもそも耐溶剤性が意図的に弱められた資料である。先入観による断定ではなく、丁寧な試験によって資料それぞれの状況を把握するように努めなければならない。

〔2〕保存カルテ

　第2章第3節の〔1〕「資料の状態を点検する」でも触れたように、事前調査の段階から資料に関係する事項は全て保存カルテに記載するように心掛ける。カルテに直接記載ができない場合には、その時に作成したメモ書きをカルテに挟み、カルテには補足として日時とともに作業の概要を記すようにする。

損傷地図

　資料の修理前の状態に対する診断結果を、黒白写真プリントの上に色鉛筆などで色分けして記す。これを「損傷地図」と呼び、全ての分野の資料一般に共通する記録方式である。剥離、剥落、補彩や補紙など旧修理箇所などについて細かく色分けして記録する。修理前の状態を高精細画像によって記録すると同時に、各部位の状態を写真の上に色分けして視覚化することによって、確実に状態を記録する。修理の処置がはじまると、別の黒白写真プリントの上に処置を施したところから内容に応じて色分けすることで、処置の状況も記録する。文字や写真撮影によって損傷の状況や処置の内容を記録するのとあわせて、このような損傷地図を作成することによって、状況がより具体的でわかりやすくなる。

実測図

　実測は主に考古資料で使用される記録方法である。修理をはじめる前に、直接各部位の寸法を測って、現状の3次元の形態を記録することである。鉄器の場合にはオリジナル部分が錆(さび)に覆われてしまい、一回り大きくて歪な形状に変化していることが多い。実測作業によって錆の中からオリジナルの形状を見出して、錆とオリジナルの形状を記

録していく。この時、X線透過写真がオリジナルの形状を推定するのに役立つことがある。

　実測は修理前の形状を確実に記録する方法として重要である。時には、修理作業中に資料が解体されてばらばらの部材になった時に、それぞれの部材に対して実測を行って、より精密な記録を残す場合がある。近年では3次元計測装置やX線CTスキャナーなどの装置が実測図の作成に利用できるようになり、誤差1mm以下の精度で3次元の形状記録が可能になってきている。

作業・処置工程
　修理技術者による処置内容の記述は材料や方法について、学芸関係者を交えて行う処置内容の検討に関する記録には協議内容と結論、そして次の協議の予定を明確にカルテに記す。これらの記録は修理の進捗を確認し、状況を把握するために大切である。いずれの場合も日時、実施者、立会い者などの関連情報は必ず記載する。工程の写真記録もできるだけこまめに撮るように心掛ける。

第2節　対症修理と本格修理の役割

〔1〕経年劣化が生じる理由

化学変化

　資料を構成する素材は物質から成り立つ。物質は環境の影響を受けながら時間とともに化学変化を生じ、劣化する。これを経年劣化という。残念ながら経年劣化を回復させて元の状態に戻すことはできない。
　退色はその顕著な例であり、修理によって元の色彩を取り戻すことは不可能である。博物館資料に対して、製作当初を推定して新たに色を塗ることは、今日の保存修理では決して行わない。退色あるいは変色した絵具や染料は固定のための強化を図った上で、そのままの状態を保存する以外に選択肢はない。経年劣化によって簡単にちぎれるほど脆くなった絹は、裏面側に和紙を小麦粉澱粉糊などで接着して見かけの強度を与え、それによって取り扱いができるようにすることは可能である。また、錆で覆われた脆弱な鉄製の考古遺物は、錆を取り除いても当初の姿には戻らない。なぜならば錆自体、遺物が変化してでき上がったものだからである。錆も遺物の一部として考え、合成樹脂などの強化剤を含浸させることで補強し、全体の保存を図るのが今日的な考え方である。
　このように化学的原因による経年劣化は素材そのものを崩壊へと導くものであり、修理の役割は経年劣化した素材の見かけ上の強化を図り状態を安定させることである。修理に際して強化のために使用される素材もいずれは経年劣化を生じ、残念ながら取り換えを行う時期が必ず訪れる。これが再修理である。

機械的作用

　化学変化に起因する劣化に対して、機械的な伸び縮み、膨張収縮などの作用が起因して生じる経年劣化がある。たとえば、展示と収蔵の際に繰り返し与えられるストレス、温湿度の変化に伴って繰り返される膨張と収縮などが長期間にわたって作用することにより、部材同士の剥離、亀裂や破れ、あるいは欠損といった形状の変化が現れる。これを損傷と呼ぶこともある。もちろん、素材自体が脆弱化している方が機械的な作用はより受けやすくなり、通常は化学変化と機械的作用が複合的に作用して経年劣化を生じる。

　地震による落下あるいは輸送中の振動や衝撃は、短時間で強い機械的作用を資料に与え、それによって破断や破損が発生する。劣化あるいは損傷によって形状が変化した箇所は、接合や充填などの修理を資料に施すことによって、構造的に安定した状態にすることができる。

劣化と修理

　化学変化と機械的な作用が働いて経年劣化した素材に対する対処は、資料を構成する素材全体を強化・補強して安定化させることである。一方、構造的な経年劣化だけの場合は、部分的な修理を行うことで安定を図る。前者を「本格修理」、後者を「対症修理」と呼ぶ。また、本格修理の前に行う予備的な修理を「応急修理」と呼ぶ。対症修理は応急修理と異なり、必ずしも予備的ではなく、それによって相当の時間、資料を安定させることが目的である。

　日常的な管理やメインテナンスとして対症修理、本格修理のための予備的修理として応急修理、最終手段として本格修理がある。本格修理の工程には［事前調査］［解体］［洗浄］［接合］［組み立て］［強化］［整形］［補填］［補彩］［収納等］［報告書］などが含まれ、対症修理の工程には［事前調査］［洗浄］［接合］［強化］［整形］［補填］［補彩］［報告書］などの作業項目が含まれる（図表4-1）。

事前調査および報告書	修理前後の状態の記録。
解体	旧修理箇所も含め部材をそれぞれに分けること。
洗浄	表面の埃や汚れあるいは旧修理箇所を除去すること。
接合および組み立て	解体した部材を再接合すること。
強化	脆弱な部材を含浸や裏打ちなどによって補強すること。
整形および補填	欠失部を別素材で充填し、形状を整えること。あるいはオリジナル部の変形を修正すること。
補彩	補填箇所の表面を彩色して、補填箇所を資料と調和させること。
収納	修理を終えた資料を収納する方法。

図表 4-1　修理工程

[2] 対症修理と本格修理

最小限の処置

　修理は英語で「restoration」と表現されることが多いが、確かにそれは日本語のいわゆる手を加える形の「修理」と同様の意味を伝える単語である。経年劣化で生じたさまざまな不具合は修理によって安定し、それによって安全な取り扱いが可能になる。脆弱化した素材を安定させるために、和紙や布による裏打ち、合成樹脂の含浸など、さまざまな修理材料が資料に加えられる。また同時に、修理によって皺(しわ)が伸ばされたり、裂け目が接合されたりして資料の変形は修正される。現在、欧米ではこうした修理による処置は、後世の人間による資料への「介入」という表現を用いている。

　修理を示す「restoration」という表現に替わり「invasive treatment」、日本語で「介入的な処置」と表現される用語が使用されるようになっている。この意味するところは、介入をできるだけ限定的に行い、その度合を減じて、資料のオリジナルの姿を保存維持しようとすることにある。こうした考え方は、予防保存によって資料を保全する環境が

整ってはじめて成立するものであり、実際にこのような予防と修理を組み合わせた考えに基づく仕組みづくりが進んでいる。

　重篤な状態に移行してから介入度合いの高い処置を実施するのではなく、変化する資料の状態に応じ、その時々の状態から必要最小限の処置（minimum treatment）を施して劣化の抑制を図る考え方が、今日の修理保存に対する基本となりつつある。したがって、本格修理であっても、対症修理であっても、修理は「remedial treatment」、日本語の直訳で「治療的処置」と表現される場合もある。元の状態あるいは姿に戻すという考え方ではなく、現状をそのまま安定化させるという概念を明確にする用語である。

可逆性（reversibility）

　修理は繰り返し行われるものであることから、前回の修理で用いられた材料や技術は基本的に取り除くことができなければならない。この性質を可逆性（reversibility）という。可逆性をもたない材料や技術を用いて修理が繰り返されると、古い修理の上に新しい修理が重なり、結果的に資料の姿はオリジナルから遠ざかることになる。また、可逆性のない旧修理を取り除こうとするとオリジナルが傷つくことになる。伝統的な技術や材料がどの程度の可逆性を示すかについては歴史的に検証することが可能であるが、使用された期間が短い新しい工業製品や現代技術の検証は困難な場合が多く、それらを採用する場合には極めて慎重な態度で臨む必要がある。近年では、可逆性をもつと認められる工業製品も増えつつある。

対症修理

　修理の目的は、資料が抱えている問題点を解決し、長期にわたる安全な取り扱いと収蔵を可能にすることである。具体的に長期がどれくらいの時間を示すかは明確ではないが、一般的には100年程度の時

間と考えられている。こうした時間間隔で行われる修理が本格修理と呼ばれる。100年前後が経過すると、資料を構成する材質の経年劣化が更に進行し、以前の修理箇所にも経年劣化が生じることから、再度の本格修理が必要になるわけである。このように、本格修理を実施するタイミングとは、資料の劣化が誰の目にも明らかな状態になった時である。

　従来、本格修理を行うまではできるだけ資料に処置を施さないことがよしとされ、推奨されてきた。本格修理は、それ自体が大規模な事業であることから施主の経費的な負担も大きく、かつ技術者には高い技術力が求められるため、慎重かつ丁寧な計画と作業が進められることになる。したがって、数少ないその機会に全ての処置を行うのが最も安全かつ有効だと考えられてきた。こうした考え方に従えば、資料が傷むまで利用し続け、劣化が進んでから処置を講じることになる。比較的最近までは、こうした考え方が主流であった。

　それに対して、近年では対症修理の有効性が認められている。対症修理は、資料の長期保存には本格修理が必要であることを前提としつつ、日常的な資料管理の観点から適切な時期に最小限の処置を施すことによって、資料の劣化進行を抑止し、本格修理を先に延ばそうとする考え方である。特に、部材同士の剥離、亀裂や破れ、あるいは欠損といった機械的な作用で生じる経年劣化は、公開によって劣化部分の更なる磨滅あるいは喪失につながりかねないことから、対症修理によって安定化を図る必要がある。最小限の処置によって、資料の安定性を10年以上延ばすことができるように考えて施工するのが対症修理である。

　対症修理には経費的に有利な側面も存在する。たとえば、虫損によるたくさんの穴があいた文書を処置する時、最小限の処置として、取り扱い時に手が触れやすい紙の耳の部分の虫損は補紙で繕い、中央部にある虫損はそのままにすることで、処置する箇所を限定して時間

と経費を抑えることができる。対象や内容にもよるが、対症修理には1件あたり平均1万円程度の経費が必要である。

応急修理

対症修理は機械的な作用で生じた経年劣化に対して対応する方法であり、1回の施工で10年以上の安定性を確保することを目指している。応急修理は、本格修理を実施すべき時期にある資料に対して、本格修理を実施するまでの短期間、資料を保全するための緊急かつ仮の処置をいう。本格修理を実施する時の障害にならないように、応急修理の処置内容は選択されなければならない。

本格修理

100年に1回程度の割合で実施される本格的な修理のことを指す。いかに対症修理で状態の安定化を図ったとしても、100年から200年前後の時間経過の中では、1回程度の本格修理は必要となる。

本格修理は、資料を構成する部材を解体した上で、オリジナル部分の安定を図るとともに、旧修理の取り換えを行いながら、再度組み立て直す大がかりな処置である。したがって、修理後の形状が修理前とは異なるものになることも視野に入れて十分な検討と準備の上で実施する処置である。通常、掛け軸、屏風、木彫像で1年から2年の期間、考古土器で半年から1年程度の期間を要し、経費も数万円から1000万円程度と幅が広いが、平均で数十万円から100万円程度を見込む必要がある。

本格修理では、修理後の形状を大きく変更する必要が生じることもあるため、事前に処置内容を十分に検討し、関係者の合意を得た上で取り掛かるようにしなければならない。あわせて、対象となる資料や処置内容に適した技術者の選定が重要である。

修理途中では、専門分野の学芸員は技術者から適宜経過報告を受け、

修理方針に合致した処理が進んでいるかどうか現地で資料を実見しながら確認する。館内にいわゆる学芸員の他に保存修復専門家がいる場合、保存修復専門家は学芸員と技術者との連携を深め、より質の高い修理が実現するように積極的に働きかける役割を自覚する必要がある。色彩、形状、修理後の取り扱いに関係する部分について、特に注意深く判断することが大切である。

補填・補彩

　今日私たちが資料の中で出会う補填(ほてん)や補彩等の旧修理箇所は、現代の修理理念に沿って行われたものではなく、「傷口を見えなくする」あるいは「図像を復元する」という考え方に従ってなされたものが多い。本格修理ではこうした旧修理を今回の修理によってどのように扱うかを明確にするとともに、今回の修理で新たに施すことになる補填・補彩に対して事前に考えをまとめておく必要がある。

　新たに行われる修理では、補填・補彩であることがわかるように材質、質感、色彩を調整することになる。ただし、長期的に安定であることと可逆性があることが前提となる。オリジナルとの一体化を避けるために、異質の素材を補填に用いることが原則である。たとえば、油彩画の絵具の欠失箇所は炭酸カルシウムで補填され、表面に補彩を施す。土器や陶磁器の欠失箇所はエポキシ系の合成樹脂が補填に使用される。補彩によって表面の質感や色彩をオリジナルの状態に似せてしまうと、修理箇所であるかどうかの区別がつきにくくなる。博物館資料である限り、修理箇所を隠ぺいしてしまうような補填・補彩は好ましくなく、あくまでも資料の現状の姿を尊重し、それを安定的に維持するための処置として補填・補彩の内容は検討されなければならない。

伝統的材料

　修理で用いられる技術と材料は現在も伝統的なものが大切にされ、修理の中で重要な位置を占めている。工業的に製造される化学的な材料に比べると、伝統的材料は圧倒的に長い年月にわたって利用されてきた歴史をもち、安定性は歴史が証明している。膠、漆、布海苔、小麦粉澱粉糊、和紙など、いずれも現代の修理において使用される重要な材料である。化学的な材料は強度や費用の面で優れているように見える場合もあるが、特に100年に及ぶ長期にわたる安定性の維持を目的とした時に、必ずしも伝統的材料よりも優れているものは多くはない。もちろん、化学材料の中にも信頼に足るものもあり、それらは伝統材料と同じように、長期間資料の安定性を維持できる材料として用いられる。

指定品の修理

　国指定や県指定など、行政から特別な保護を義務づけられた文化財資料を処置する場合には、まず教育委員会に連絡し、協議を行いながら進める必要がある。国指定の場合には、都道府県の教育委員会を通じて文化庁に連絡し、教育委員会および文化庁との間で協議を進めることになる。資料を管理する所蔵者と資料の保存を指導する行政との間で、処置を行う適切な時期、処置の内容、要する費用などについて合意が形成されて、はじめて修理は具体化する。対症修理、応急修理、本格修理のどれも監督官庁との協議が必要な事項であり、したがってそれ相応の時間を要することを前提として、検討を開始する時期を選ぶ必要がある。協議を迅速に進めるためにも、また、行政からの補助金を得て修理を行う場合もあるので、日頃から関係機関と連絡を密にしておくことが大切である。

第3節　修理報告書を作成する

修理技術者による報告書

　修理を担当した技術者は、修理の全体を細部にわたって報告する義務がある。文字、画像、図などを使って、工程、日程、材料、経費、かかわった技術者などについて修理の具体的な内容を一冊のファイルとしてまとめる。わが国の場合、修理施工を行う技術者は民間工房に属する場合がほとんどであることから、書式はそれぞれの工房で異なるため、いろいろな書式で提出された場合には報告書の内容を読み取るのに時間がかかり、見落としも多くなりやすい。したがって、修理がさまざまな分野に及ぶ博物館では、報告書の書式をできるだけ統一し、担当した技術者がそれに基づいて報告書を提出するように依頼するとよい（図表4-2）。修理報告書は少なくとも正副2部を提出してもらい、正本は、資料の基本情報として確実に保管する。

名称（よみがな）
管理番号
員数
作者または出土地
時代年代
品質
寸法　修理前
寸法　修理後
資料概要
修理前の状態
修理仕様 　　解体 　　洗浄 　　接合および組み立て 　　強化 　　整形および補填 　　補彩 　　収納
修理前後の状態
修理で得られた新知見
修理者
代表者
修理担当者
修理価格　○○○円
修理期間 　　平成　年　月　日〜平成　年　月（　か月）

図表4-2　修理報告書に必要な項目

所有者・管理者による報告書

　修理施工者から提出された報告書は膨大な内容を含んでいるのが一般的であり、日常的な利用には適さない。そのため、提出された報告書の抄録版を作成し、それらを年度毎にまとめることによって、修理事業の概要を比較的簡便に把握することができるようになる。より詳しい内容が必要になった時には、本来の報告書を調べるようにするとよい。抄録版には修理施工者、経費も記載するように心掛ける。公的な機関が行う修理の場合はなおさらである。

デジタルデータベース

　報告書の抄録はデジタル化し、データベースとして博物館内での利用はもとより、環境が整えば博物館外からの利用も可能にするとよい。実際の修理に関する基本情報は、これから修理を検討する施設や個人、修理を学ぶ技術者にとっても有益な情報であり、可能な限り共有化を進めることが大切である。また、修理報告書に添付される画像記録を修理工程に沿って時系列に並べることで、スライドショーを簡易に製作することができることから、専門家から一般の人々に対する教育資源としてもそれらを役立てることができる。

動画記録

　修理の全工程を動画記録に納める機会はほとんどないが、教育的な記録としては極めて有益なものとなる。全体の収録に対して、工程の一部を動画に記録することは特別に難しいことではない。特に、絵具の剥落止めの時に注入される膠の様子、漆固めのために塗布される漆の様子、クリーニング最中の状況などは、動画記録によって正確な状況の把握が可能になり、後々有益な情報になる。

第4節　本格修理の事例

〔1〕考古分野

鉄器

　熊本県の江田船山古墳出土の国宝「短甲(たんこう)」は、古墳時代の横矧板革(よこはぎいたかわ)綴(とじ)式の短甲である。後胴の押付板(おしつけいた)・竪上(たてがみ)第3段はほぼ完存しているが、竪上第1・2段および長側(ながかわ)第2段板は約2分の1を欠失し、前胴は左前胴の裾板以外は欠失する。後胴脇部の竪上第2段に方形4鋲の蝶番の剥離痕があり、内面には鋲足が残存している。

　短甲の表面は、発掘当時の土砂が残存したまま全体がパラフィンワックスのような物質で固められた状態であり、今回の修理ではそのワックスのような物質と土砂の除去が課題であった。また、最終的に形状を安定させるための展示および保管用の安定台を作成して、資料の保全を図ることも大きな目的であった。修理の仕様は次の通りである。

①修理前の状態を調査、記録し、写真撮影を行った。ワックスのような物質の化学分析は実施していないが、見かけの性状からパラフィンワックスと考えられた。かつて、劣化した鉄器の固定に使用されたといわれていることからも、そのように判断した。[事前調査]

②クリーニング作業中の破損を避けるため、綴革(とじかわ)が錆化して残存している箇所を、実測図に基づきながら確認した。該当部分には、アクリル系樹脂を光沢が生じない程度まで含浸し、補強および保護を行った。[強化]

③表面に付着する土砂は少量で、エアーブラシを不用意に使用すると資料表面を傷つける恐れがあった。このため、ブラッシングにより

本体に固着した土砂の除去からはじめ、エアーブラシによる圧縮空気でクリーニング、最後にガラスビーズを用いて段階的にクリーニングを行った。［洗浄］

④過去（時期不明）に資料保存の目的で使用され、資料に浸み込んでいたパラフィンワックスの除去を行った。現状ではパラフィン処理による著しい外観の変化や、パラフィンの塗膜は明確には認められなかった。そのため、資料に付着しているパラフィンは、ごく少量であると判断した。除去は、有機溶剤を含ませた筆で、パラフィンを溶かしながら表面を洗浄する手順で行うこととした。［洗浄］

⑤資料の補強を行うため、アクリル系樹脂を1回塗布した。［強化］

⑥作品保護のため安定台を作製した。［整形］

⑦修理後の記録と写真撮影を行った。［報告書］

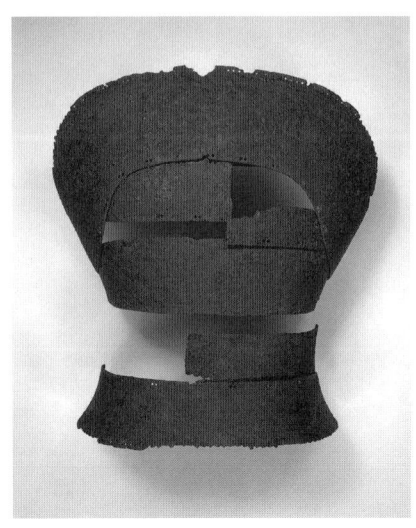

図表 4-3 「短甲　J-733」修理前
（東京国立博物館蔵、Image: TNM Image Achives）

図表 4-4 「短甲」修理後、『平成13年度東京国立博物館文化財修理報告 III』pp.210-211（Image: TNM Image Achives）

土器

　東京都八王子市楢原町出土の「深鉢形土器」は、口縁部に把手状突起をもつ縄文時代中期の土器である。胴部には、縦位の撚糸文を地文とし、半裁竹管による円文・楕円文・鈎状文が施されている。修理前の状態は、把手3個と全体の50％を欠失した状態であった。修理では全体の50％を占める欠失部を充填し、把手1個を復元することにした。

　修理後、復元・充填箇所が明確にわかるように充填・補彩を行うことを前提とし、同時に充填・補彩箇所の形状がオリジナルに対して違和感がないような工夫を検討した。オリジナルの破片同士を接合すると接合面に沿った溝が残るので、それにあわせるように充填部がオリジナルと接する境界に意図的な溝をつくり、全体との調和を図った。補彩の仕方や充填部の表面の状態を、その時々の資料の性格によって調整しながら、充填箇所の存在を全体との関係において違和感のないように明示することは必須の作業であるが、今回の修理は違和感の軽減を図る工夫を試みた例である。実際の修理の仕様は以下の通りである。

図表4-5　「深鉢形土器　J-37665」修理前（東京国立博物館蔵）

図表4-6　「深鉢形土器」修理後、『平成13年度東京国立博物館文化財修理報告 III』p.147（Image: TNM Image Achives）

①修理前の状態を調査、記録し、写真撮影を行った。［事前調査］
②既に組み立てられている作品を、有機溶剤（アセトン）を用いて各破片に分解した。［解体］
③破片に付着している漆をはじめ、セメント、石膏、塗料を取り除いた。［洗浄］
④接着面に膠（水溶性）でコーティングを施した後、エポキシ系樹脂で接合し、欠失部を石膏、樹脂等で充填し、形状を完形にした。充填部分とオリジナルの破片の境目に溝を設けて復元部を明確にした。［補填］
⑤接合部、石膏補填部の内外面を、各種粘土粉末（備前土、信楽土、山土）を周囲の色調より明度を落とし、埋め込んで仕上げた。［補彩］
⑥修理後の記録と写真撮影を行った。［報告書］

〔2〕工芸分野

陶磁器

　「青花草花文壺」は、白色磁質の朝鮮時代（18世紀）の広口の壺である。淡い発色の青花（中国・朝鮮における染付磁器の呼称）で胴部の三方に草花文が描かれている。朝鮮時代の17世紀末から18世紀にかけて、広州官窯で焼かれたいわゆる「秋草手」の壺である。やわらか味のある独特の釉肌、楚々とした風韻のある絵つけから、朝鮮独自の美意識がもっともよく表れた青花磁器として声価が高い。旧修理の補彩がオリジナル部分に及んでおり、一部は経年により変色していた。また、変色した補彩に剥落が進行していた。
　美術品としての陶磁器の製作後に生じた傷や割れは愛好家から嫌われ、時としてその痕跡を完全に消すために周囲が広く補彩で覆われる

第4章　劣化と修理保存　159

例がしばしば見られる。補彩は経年劣化によって変色し、次第にオリジナルの色調と一致しなくなるため、最終的には除去する必要があるが、その前に補彩で隠された部分の状態を詳しく調査する必要がある。本作品の場合、補彩を除去したところ、前回の修理で接合された割れ目と、その時に実施されたと考えられる研磨による擦り傷が割れ目の周辺に広範囲に現れた。

　修理前の調査では、残念ながら擦り傷の状況までは把握できていなかったため、今回の修理では擦り傷には手をつけず、そのまま見えるように残した。補彩を除去した後で、具体的な状況が判明しても対処が困難な場合もあり得るため、事前の調査と検討を十分に行う必要がある。修理の仕様は以下の通りである。

①修理前の状態を調査・記録し、写真撮影を行った。［事前調査］
②旧修理の補填・補彩部を除去した。［解体］
③欠損箇所の断面および表面全体の汚れを除去した。［洗浄］

図表 4-7 「青花草花文壺　TG-233」修理前（東京国立博物館蔵、Image: TNM Image Achives）

図表 4-8 「青花草花文壺」修理後、『平成15年度東京国立博物館文化財修理報告 III』 p.144 （Image: TNM Image Achives）

④欠失部は、ポリエステル樹脂を用いて形状を復元し、エポキシ系樹脂を使って接着した。［補填］
⑤復元部にポリエステル系樹脂・ウレタン系樹脂および顔料を用いて周りの色調にあわせて補彩を施した。［補彩］
⑥修理後の記録と写真撮影を行った。［報告書］

漆工品

　中国・明時代（16世紀）の「葡萄栗鼠螺鈿箱（ぶどうりすらでんばこ）」は、長方形の印籠蓋（いんろうぶた）造（づく）りの箱である。全体を黒漆塗とし、蓋表から身の側面にかけて、螺鈿により葡萄栗鼠文が描かれているが、その螺鈿の剥離・剥落があり、剥落片の一部は別置きにして保管されている。表面全体の漆表面には紫外線の作用による「段紋」と呼ばれる経年劣化が生じ、周辺の塗膜が剥離して不安定な状態になっている。塗膜の表面には全体に著しい汚れが付着していて、螺鈿の美しさを損ねている。また、過去の修理で螺鈿の貝を被うように塗られた漆によって、螺鈿表面に汚れているところが見られる。

　今回の修理の中心的な課題は、螺鈿の剥落止め、漆膜の剥落止め、劣化した漆膜の強化、旧修理によって塗布された漆の除去である。螺鈿の固定を漆で行うと光の屈折率の関係から螺鈿の色が変わるため接着には膠を使用する必要があること、希釈した漆液を浸み込ませて劣化した漆膜を強化する漆固めは最小量を使用すること、表面を覆う旧修理の漆膜は可能な限り取り除くが困難な場合にはそのままにする、などの方針に沿って修理を実施した。修理の仕様は以下の通りである。

①修理前の状態を調査・記録し、写真撮影を行った。状態調査は、現資料の素地、下地、塗り、加飾をそれぞれ技法の面から調査し、現在の損傷状況を把握した。［事前調査］
②剥離して不安定な螺鈿部分を、雁皮紙（がんぴ）を用いて新糊で養生した。［強化］

③蓋裏にあるラベルを浄水と吸い取り紙、ナイロン紙を用いて取り外した。［解体］

④全面に被った埃を毛棒で払い落とした。また、汚れや埃は浄水を含ませた綿布でクリーニングした。［洗浄］

⑤オリジナルの螺鈿の上に被った過去の修理の漆や下地を、螺鈿に傷をつけないように鼈甲のヘラを用いて除去した。なお、過去の修理の漆が厚く被っている箇所は、そのままとした。［洗浄］

⑥剥離して不安定な螺鈿部分は、剥落止めを施した後に再度クリーニングを行った。［強化］［洗浄］

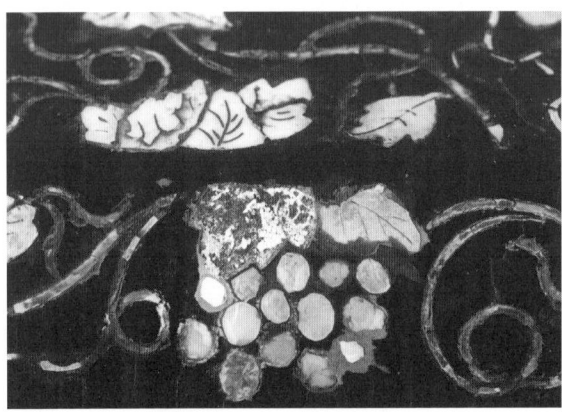

図表4-9 「葡萄栗鼠螺鈿箱　TH-20」修理前
　　　　（東京国立博物館蔵）

⑦劣化した漆塗膜を補強するため、漆固めを行った。漆固めは、有機溶剤（クリーンソルG）で希釈した漆を塗膜部分のみに塗布し、しばらく放置した後に同じ有機溶剤を用いて完全に拭き取った。［強化］

⑧剥離した螺鈿に牛膠水溶液を含浸して圧着した。含浸後に余分な膠は拭き取った。なお、圧着には木枠と籤、クランプやシリコンシートを用いた。［強化］［整形］

⑨別置きにされていた螺鈿の剥落片を、場所を検証して位置を確定し、牛膠水溶液を用いて⑧と同じ道具で圧着した。［強化］［整形］

図表 4-10 「葡萄栗鼠螺鈿箱」修理後、『平成 17 年度東京国立博物館文化財修理報告Ⅶ』p.114（Image: TNM Image Achives）

第 4 章 劣化と修理保存　163

⑩亀裂部分は麦漆を有機溶剤（リグロイン）で希釈して含浸し、素地と下地を接着強化した。余分な漆は完全に拭き取った。［強化］

⑪不安定な塗膜は、螺鈿にかからないように注意しながらリグロインで希釈した麦漆を含浸して補強した。余分な漆は完全に拭き取った。なお、漆塗膜の剥落止めは2回行った。［強化］

⑫再剥落を予防するため、塗膜の際に細かい漆下地（際錆）を施した。際錆は箱の内部や亀裂箇所を中心に行った。［強化］

⑬螺鈿の上に被った過去の修理の下地や漆を再度除去した。［洗浄］

⑭過去の修理の色が浮いて見える部分は、可逆性のある黒色絵具を調合して部分的に塗布した。絵具の選択には、現在絵画の修復で使用されている材料を数種類選び、それぞれの材料で手板を作製して比較を行った。その中から最も漆の質感に合う水性アクリル絵具を選択した。なお、使用に際しては、艶をあわせるためアクリル系樹脂エマルジョン（リキテックス・グロスメディウム）を若干混合した。［補彩］

⑮修理中に取り外したラベルを、新糊を用いて元の位置に貼り戻した。［組み立て］

⑯修理後の記録と写真撮影を行った。［報告書］

染織品

「白練緯地松皮菱竹模様小袖」は、安土桃山時代（16〜17世紀）の模様染の特徴である「辻が花染」で、全形をとどめた極めて稀な資料である。付属文書によれば、1610（慶長15）年に狂言方・鷺流家元の鷺正次が徳川家康より拝領したものと伝えられ、伝来も明らかであることから、重要文化財に指定されている。

仕立ては紅平絹の裏地をつけた袷仕立てであり、表地との間に薄く真綿が入る。袖幅は、安土桃山時代における通常の袖幅（22cm）と比較すると広い（33cm）。過去に修理されているが、その後、修理

箇所の周辺より劣化が進行し亀裂が生じ、衣桁(いこう)に掛けて展示できない状況である。今回の修理では、状態の安定化を図ることと同時に、過去の修理によって損なわれた本来の形状をどこまで回復させるかについて、慎重な判断が必要であった。重要文化財のため、修理計画および修理監督は文化庁と協議を行いながら実施した。修理の仕様は以下の通りである。

①修理前の状態を調査し、撮影を行った。［事前調査］

②本資料は横裂けしている箇所の大部分が簾(すだれ)状に裂けていたため、安全に解体作業を進めるために、まずシルククレプリン（修復用の薄い平織の絹織物で、透ける素材）を表からあて、小袖に影響が及ばない程度に軽く綴じ、養生(ようじょう)を施した。裏地と中綿は表地からはずし、表地を全面解体した。裏地も全面解体した。［解体］

③補強裂(ぎれ)は風合いや表地への馴染み等を考慮して、似寄りの練緯地(にょ)を新調し使用した。補強裂は全面に使用するため重量を考慮してオリジナルの裂(きれ)よりも薄地にし、生地の柔軟性や伸縮性の調整等に配慮して織成した。補強裂の染色は安全を考慮し酸性染料を使用し、似寄りの色合いに染色した。継ぎ足した補填裂の違和感をなくす目的で、元からある袖の文様に続ける形で文様を延長し、手彩色による竹葉文様の補彩を行った。［強化］［充填］［補彩］

④旧修理に使用された補修糸、補修裂は全て除去した。袖袘(そでぶき)には、全面的に補修裂が太い絹糸で綴じつけられていた。こうした旧修理に使用された補修糸、補修裂は裏面から鋏と糸切を用いて一越(ひとこし)ごとに補修糸を断ち、ピンセットで除去した。［解体］

⑤水分を水蒸気で通す防水透湿性素材（ゴアテックス）を小袖裂の表にあて、その上に蒸留水で軽く湿した吸水紙をのせ、湿度をコントロールしながら重量をかけて、縫い込み部分や畳み皺部分の皺を伸ばした。乾燥による縮みを防ぐため、ポリエステル紙と吸水紙を用いて乾燥速度を調整した。絞りの風合いを損なわないように、重量

第4章 劣化と修理保存　165

のかけ方に注意して作業を行った。［整形］

⑥補修糸は曙種(蚕の種類)の刺繍糸を使用して補修裂の綴じつけを行った。無理に糸目を整えることはせず、小袖裂に負担がかからないように綴じつけた。表地は少し広めの範囲で補修経糸を渡し、約 5mm 間隔で綴じつける「渡し縫い」という技法で補修した。裏地は必要に応じて部分的に補修裂をあて、「渡し縫い」「ぐし縫い」で補修した。当初の仕立てに戻すと袖裾と衿幅が足りなくなるため、似寄りの平絹で補填した。［強化］［接合］

⑦表地は、基本的に当初の仕立て跡にあわせて仕立てた。表地の袖裾は、製作時期の近い類例の丸みにあわせて補填裂を足した。表地の上前衿裾は旧仕立て跡に従って仕立てることとした。修理前の仕立てでは、表地の身頃、衽、衿の裾はすべて切断されて、当初の仕立て丈を判断する材料がないため、基本的に解体前の仕立て跡に従って仕立てた。袘も当初の仕立て丈を判断する材料がないことか

図表 4-11 「白練緯地松皮菱竹模様小袖 I-3865」修理前
(東京国立博物館蔵、Image: TNM Image Achives)

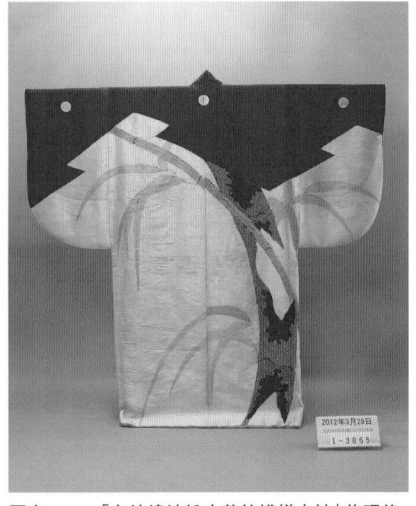

図表 4-12 「白練緯地松皮菱竹模様小袖」修理後、『平成 23 年度東京国立博物館文化財修理報告 XIII』pp.87-90
(Image: TNM Image Achives)

ら、解体前と同寸法に仕立てた。表地の仕立てを当初の状態に戻すと、身幅や袖丈等の寸法が現状より大きくなるため、中綿は仕立てにあわせて新調した。旧中綿は保存箱に別途保存した。裏地は堅牢で、広幅の裂だったことから元使いするが、継ぎ足した袖裾と衿内側は長さが足りなくなることから、補填した。〔組み立て〕

⑧身頃は畳まず、袖を畳んだ状態で保存した。身幅と袖丈にあわせた布団(はぶたえ)を作製して、袖の畳み山に掛かる負担を軽減した。羽二重を用いた包み裂と中性紙ボードを組み合わせ、把手をつけた運搬用の台紙を製作した。中性紙で台差し式の保存箱を新調した。〔収納等〕

⑨修理後の状態を写真に記録し、報告書を作成した。〔報告書〕

〔3〕彫刻分野

木彫像

「千手観音菩薩坐像(せんじゅかんのんぼさつざぞう)」は、頭上に11面(1面は欠失)をいただき、42臂(ひ)の腕をもつ寄木造り、金泥塗りの木彫像である。構造や表現から院派仏師(いんぱぶっし)の作と考えられ、14世紀半ば頃に活躍した院派の中心的存在だった院吉(いんきち)・院広(いんこう)の作風に通じている。

頭上面中の暴悪大笑面(ぼうあくだいしょうめん)、脇手の指の一部と持物(じもつ)の大部分を欠いているが、胸飾、表面彩色、光背(こうはい)、台座を含め造像時のものが残っている。ただし、像容を損ねる表面の汚れ、本体および光背の剝(は)ぎ目(接ぎ目)部分の緩みとそれに伴う変形、不安定な光背の接合など、本体には経年による劣化が相当程度に進んでいた。また、頭上面および42臂の脇手に当初の位置からのずれによる混乱があり、後世の修理によるものと考えられた。

今回の修理では、表面の汚れを安全な範囲で除去すること、部材の混乱を是正して本来の位置に戻すこと、各部材の剝ぎ目を確実に固定

して像全体の安定化を図ることを目的とした。修理の仕様は以下の通りである。今回、光背および台座も含めた修理を実施したが、それらについては割愛した。

①修理前の状態を調査・記録し、写真撮影を行った。［事前調査］
②全体の埃を除去した。［洗浄］
③緩んで離れる矧ぎ目は一旦取りはずして清掃の後、麦漆およびエポキシ系樹脂の接着剤で接合した。［解体］［洗浄］［接合］
④金泥彩色部分に見られた剥離箇所はアクリル系樹脂エマルジョンの接着剤で剥落止めし、最小限度の補彩を行った。［強化］［補彩］

図表 4-13 「千手観音菩薩坐像 C-306」修理前（東京国立博物館蔵）

図表 4-14 「千手観音菩薩坐像」修理中

図表 4-15 「千手観音菩薩坐像」修理後、『平成 24 年度東京国立博物館文化財修理報告 XII』pp.16-17、pp.58-60 (Image: TNM Image Achives)

⑤緩んで位置が移動した頭上面を取りはずして清掃の後、ほぼ定位置に戻し取りつけた。欠失している暴悪大笑面は新補しなかった。割損欠失箇所が見られた左後方頭上面、正面化仏の損傷箇所は、漆木屎(くそ)で補修した。[解体][洗浄][組み立て][強化]

⑥歪んでいた頂上仏面の輪光背の形状を整え取りつけた。[整形][接合]

⑦髻(もとどり)取りつけの釘を真鍮(しんちゅう)釘に取り換えた。髻下地髪部分の劣化損傷箇所に、漆を含浸して硬化処置をした。[強化][補填]

⑧右耳上地髪部分欠失部をヒノキ材で新補した。[整形][補填]

⑨後世の修理で取りつけられた形状不適合の後補である右方耳後方の天冠、天冠台、地髪の一部は取りはずし別保管し、ヒノキ材で新補した。[解体][整形][補填]

⑩左大腿部は取りはずして清掃後、麦漆およびエポキシ系樹脂接着剤で接合し、変色箇所に補彩をした。後方部の地つき部分の小割損欠失箇所は、ヒノキ材で新補した。[解体][洗浄][補填][補彩]

⑪右大腿部接合箇所後方と右前腹横亀裂部にある後補の紙を取り除き、漆木屎で補修、変色部分に補彩を行った。[解体][補填][補彩]

⑫体幹部、脚部および裳先の接合箇所にある後補の紙貼りを取り除き、漆木屎で補修、変色部分に補彩を行った。[解体][補填][補彩]

⑬合掌手、宝鉢手(ほうはつ)の各接合部分は一旦取りはずして清掃後、麦漆およびエポキシ系樹脂接着剤で接合した。金泥彩色部分の剥離箇所はアクリル樹脂エマルジョンで剥落止めをし、変色部分は補彩をして整えた。[解体][洗浄][接合][強化][補彩]

⑭脇手取りつけ板部分は、脇手を取り離して清掃後、麦漆およびエポキシ系樹脂接着剤で接合した。指先の欠失箇所は新補しなかった。持物である日輪と月輪の清掃を行った。持物は新補しなかった。[解体][洗浄][接合]

⑮天冠に打ちつけられていた宝冠飾り(後補・金銅製)は全て別保管

とした。正面天冠下地髪部分の玉飾り、左右の簪（かんざし）、垂冠帯（すいかんたい）などは清掃を行った。上方の紐（ひも）飾り部分は現状のまま使用した。［解体］［洗浄］［組み立て］

⑯胸飾は取りはずして清掃を行った。垂飾（すいしょく）部分の欠失箇所は現状のままとし、銅線で首から掛ける取りつけ方法に変更した。［解体］［洗浄］［組み立て］

⑰以上の各修理箇所は全て古色仕上げとし、修理記銘の木札を台座裏に打ちつけた。［補彩］

⑱修理の記録として、修理報告書を作成した。［報告書］

石彫像

「サクメト女神倚像」は、第18王朝（前16〜14世紀）の頃製作された、エジプト・テーベ出土と伝えられる黒花崗岩製の石彫像である。本像は、同材で製作されたほぼ同形の、同じ大きさからなる像二躯（く）のうちの一躯にあたる。この像は、ライオンの頭をもち、背もたれのある椅子に腰掛けた女性の姿を表している。両手を腿の上にのせ、左手は生命の象徴「アンク」を握る。

修理前の本像は、腰から膝下にかけての割れにより、上下二つに分離していた。大きく二分割された腰部分の処置は、当初の記録がなく、どのように行われたか外見からでは判断できなかった。現状から見て、以前に行われた古い修復箇所の処置方法は、セメントで本物のごとく造型されたもので、見栄えが悪く技術的にも稚拙で、応急的に接着して形状を保持する処置であった。また左腕をはじめ、椅子と台座の各所に欠損が見られ、これらはセメントを充填して補修されているが、劣化が著しかった。また、像の上下部は、向かって右方向に少しずれて接合されており、形の食い違いはセメントで修正されていた。

腹部分の古い接着や欠損部の修理方法を見極めるため、X線透過撮影により内部を確認した結果、左腕の旧修理部分等には、長さ5cm

ほどの鉄釘が多数はっきりと観察された。事前調査の結果に基づいて、旧修理による接合部は一旦離して再接合、形を補うために付け加えられた旧補填部分は全て取り除き、再度補填はしないことを決定した。修理の仕様は以下の通りである。

①X線透過撮影を行った。その結果、上下の身体の接合に芯棒等は使われておらず、左腕と指先等には釘やネジ釘を使って、セメントで固定し補強が行われていた。［事前調査］
②作品の移動と作業のための養生を行った。本像は極めて大型のため、移動用のパレットを製作した。［解体］
③重機を用いて上部をつり上げ、上下部を分解した。［解体］
④旧修理部分を取り除いた。［解体］

図表 4-16 「サクメト女神倚像 TC-422」
修理前
（東京国立博物館蔵）

図表 4-17 「サクメト女神倚像」修理後、
『平成 11 年度東京国立博物館文化財修理報告 I』pp.96-97
(Image: TNM Image Achives)

第4章 劣化と修理保存　171

⑤胴部の接合テストと接合準備を行った。［組み立て］

⑥補強板の作製と接着をした。接合後の像の反転は困難と考え、はじめに基底部の接合から実施した。接地面の形状にあわせたステンレス鋼の板を接地面に接着した。［強化］

⑦上下部の接合面に芯棒用の穴開けと芯棒の接着を行い、上下部をエポキシ系樹脂で接着した。［組み立て］

⑧界面活性剤をごくわずか加えた蒸留水を用いて表面の洗浄を行った。最後にアセトンを用いて油汚れを取り除き、同時に水分の蒸発を促した。［洗浄］

⑨仕上げ作業を行った。鉄釘を抜いた穴を、補強の芯棒を入れる時に採取した材によって覆った。［補填］

⑩修理後の写真撮影と記録を行った。［報告書］

〔4〕絵画分野

掛け軸

「釈迦六祖像」は絹に描かれた鎌倉時代（13世紀）の絵画で、掛幅装である。釈迦を中心に嘉祥大師・香象大師・慈恩大師ら南都にかかわりの深い祖師と天台大師を描いた作品である。

修理前は絹の折れが著しく、断裂、欠落も見られたほか、表面には黴の痕跡による汚れがあった。表装は全体的に傷んでおり、欠損部も見られた。事前調査の結果、本図は絵を描いた絹（料絹）の欠損が著しく、後補された絹には描線や彩色が多数認められた。旧補絹は欠損部より大きくあてられていたため、重なり部分の料絹が押し出され、摩耗と損傷が進んでいることが判明した。事前調査を受けて行った検討では、旧修理による後補の図像は資料の美術的価値を損なうものであるとの判断がなされ、全て取り除いて作品全体と調和する基調色と

いわれる単色で補彩された絹を補うことになった。

　今回の修理では、旧修理部分をどのように取り扱うかが最も重要なテーマであった。絵画分野の専門家と慎重に検討を重ねた結果、旧修理は除去されることになった。修理の基本的な方法は他の東洋絵画と同様であり、その仕様は以下の通りである。

①修理前の状態を調査、記録し、写真撮影を行った。［事前調査］
②表装から本紙を取りはずした。［解体］
③絵具に、三千本膠2％水溶液を塗布し、絵具が定着するまで、繰り返し剥落止めを行った。［強化］
④旧裏打ち紙を除去するための養生として、本紙表面よりレーヨン紙と楮（こうぞ）紙を用いて、布海苔（ふのり）で表打ちをした。［強化］
⑤最小限の水を使用して、小面積ずつ肌上げを行う乾式肌上げ法で、本紙裏面より部分的に少量の湿りを与え、旧裏打ち紙を除去した。［解体］
⑥本紙に施されていた旧補絹を全て除去した。［解体］
⑦本紙に、絵具で着色した楮紙を用いて、新糊（小麦粉澱粉糊）で新たに肌裏打ちを行った。［強化］
⑧本紙の欠失部に、人工的に劣化させた似寄りの絵絹を用いて、補絹を施した。［補填］
⑨肌裏打ちの後、美栖紙（みすがみ）を用いて、古糊（熟成させた小麦粉澱粉糊）で1回目の増し裏打ちを行った。［強化］
⑩本紙の折れに対しては、薄美濃紙（うすみのし）を用いて、新糊で折れ伏せを行った。［強化］［整形］
⑪更に、美栖紙を用いて、古糊で2回目の増し裏打ちを施した。［強化］
⑫表装裂は全て新調した。［補填］
⑬新調した表装裂は、薄美濃紙を用いて新糊で肌裏打ちを、更に美栖紙を使って古糊で増し裏打ちを行った。なお、風帯（ふうたい）は美栖紙で裏打

図表4-18 「釈迦六祖像　A-24」修理前
　　　　（東京国立博物館蔵）

図表4-19 「釈迦六祖像」修理後、右は旧補絹図、『平成11年度東京国立博物館文化財修理報告Ⅰ』
　　　　p.18（Image: TNM Image Achives）

ちを施した。［強化］
⑭表装裂を断ち分け、新糊で本紙と切り継いで表具の形にした。［組み立て］
⑮表具の形にした裏面全体に、美栖紙を用いて古糊で2回の中裏打ちを行った。［強化］［組み立て］
⑯更に裏面全体を、上巻絹(うわまきぎぬ)と宇陀紙(うだがみ)を用いて古糊で総裏打ちを施した。［強化］［組み立て］
⑰数回の仮張りを行い、十分乾燥させた。［整形］
⑱再使用する軸首(じくしゅ)（軸先）、軸木(じくぎ)、八双(はっそう)（表木(ひょうもく)）等を取りつけて仕上げた。［組み立て］
⑲修理後の写真撮影と記録を行った。［報告書］
⑳新調した桐製太巻添軸に巻き、羽二重の包裂で包んだ。それを納めるために、桐製印籠箱、桐製漆塗り中次印籠外箱、中性紙製布貼り帙(ちつ)を新調した。旧収納箱の箱書きされた甲板(こういた)は、新調した収納箱の底に入れた。［収納］

屏風
　重要文化財「琴棋書画図(きんきしょがず)屏風(びょうぶ)」は、海北友松(かいほうゆうしょう)（1533-1615）が安土桃山時代から江戸時代（16〜17世紀）に描いた紙本墨画着色金泥引きの六曲一双の屏風である。全体に、汚れ、虫損、本紙の欠失があり、絵具層の剥離・剥落が進行していた。特に、表面全体に見られる茶褐色の染み状の物質の除去、またそれが影響して細かな鱗片(りんぺん)状にめくれた絵具層の固定が課題であった。現状では硬化した茶褐色の物質からは植物性タンパク質が検出されたため、大豆から抽出した「豆汁(ごじる)」である可能性が高いと考えられた。硬く固まった「豆汁」と考えられる物質を除去することは困難であるため、今回の修理では除去を諦め、問題の解決を次世代に持ち越すことを決めた。修理の仕様は以下の通りである。

①修理前の状態を調査・記録し、写真撮影を行った。［事前調査］
②解体の際に剥落の恐れのある絵具層の剥離箇所に、牛（粒）膠（以下、牛膠）の3％水溶液を差し入れて剥落止めを行った。［強化］
③飾り金具、襲木（おそいぎ）、縁裂（ふちぎれ）をはずし、本紙を屛風の下地から取りはずした。［解体］
④剥離している絵具層には、牛膠と布海苔の混合水溶液を剥離箇所に差し入れ、その箇所を部分プレスして剥落止めを行った。［強化］
⑤本紙の下へ吸い取り紙を置き、画面表面より浄水を噴霧し、汚れの一部を吸い取り紙に吸収させて除去した。［洗浄］
⑥クリーニング後、全体をプレスして乾燥させた。［整形］
⑦膠の接着力が低下している絵具層には、牛膠水溶液を塗布し、剥落止めと絵具層の強化を行った。なお、剥離している絵具層は、必要に応じて牛膠と布海苔の混合水溶液を剥離箇所に塗布し、部分プレスにて剥落止めを行った。［強化］
⑧室温で抽出した布海苔水溶液を用いて、レーヨン紙二層と不織紙（サンモア紙）による表打ちを施した。［強化］
⑨最小限の浄水を使って小面積ずつ肌上げする乾式肌上げ法で裏打ち紙、補紙などを除去した。［解体］
⑩本紙の欠失箇所には、繊維検査に基づき、本紙と同質の雁皮紙を用いて裏面より補紙を施した。また、亀裂部分には、補紙による補強を行った。［強化］
⑪表打ち紙に浄水を噴霧し、本紙の下に置いた吸い取り紙に吸収させることで表打ちに用いた布海苔を取り除き、表打ちを除去した。［解体］
⑫本紙裏面に、楮紙を用いて新糊で肌裏打ちをした。［強化］
⑬更に、⑫と同様に2回目の裏打ちを行った。［強化］
⑭接着力の低下している絵具層に対し、牛膠水溶液を塗布して剥落止めを行い、絵具層を再度強化。剥離していた絵具層の点検を行い、

図表 4-20 「琴棋書画図屏風（左隻） A-11188」修理前（東京国立博物館蔵）

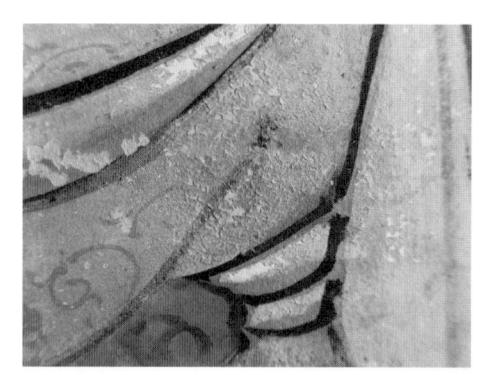

修理前部分

図表 4-21 「琴棋書画図屏風（左隻）」修理後、『平成 17 年度東京国立博物館文化財修理報告 VII』
p.26（Image: TNM Image Achives）

第 4 章　劣化と修理保存　177

再度の強化が必要な箇所のみ牛膠と布海苔の混合水溶液を塗布し、部分プレスにより剥落止めを行った。[強化]

⑮補紙を施した箇所に、周りの色調にあわせて補彩を施した。[補彩]

⑯新調した屏風下地に、新糊を用いて六種八層の下貼りを施し、蝶番をつけて屏風の形に組み立てた。[組み立て]

⑰新調した縁裂と小縁裂に、楮紙を用いて新糊で肌裏打ちをした後、仮張りして十分乾燥させた。[組み立て]

⑱下貼り後の屏風本体の表面に本紙を貼り、裏面には唐紙(からかみ)を貼って、縁裂と小縁裂を取りつけた。[組み立て]

⑲旧来の飾り金具はクリーニングを施し、欠失したものは復元した。それらの金具や襲木、散鋲(ちらしびょう)等を取りつけて、屏風装に仕立てた。[組み立て]

⑳修理後の記録と写真撮影を行った。[報告書]

〔5〕民俗資料分野

染織品

「チウカウカプ」は、江戸時代末期から明治時代初期にかけて北海道アイヌによって製作された木綿製の胴衣である。この資料は、北海道アイヌ・虻田(アプタ)の首長明石和歌助(あかしわかすけ)(アイヌ名：イカシワッカ)の持ち物であったことが知られている。所用者が記録され、来歴が明らかであることから、民俗史的にも重要な資料である。

胴部上下に紺地木綿、もじり袖に茶地福織の木綿を用い、白および紅の木綿裂で文様が施してある。胴腰開きの部分にはヨーロッパ向け更紗(さらさ)を使用し、両脇は藍地中形の裂を継ぎ足している。両袖部の破損・欠損が特に著しく、襟周りなどにも欠損が見られる。両袖の破損・欠損部の布は鉄媒染(ばいせん)した濃い褐色の横糸が使用されている。鉄媒

染した糸は元来化学的に不安定で劣化しやすい性質がある。また、使用する上で繰り返し袖を折り畳んだり広げたりされたことによる影響が横糸の劣化を促進し、現状のように破損したものと考えられた。更に、博物館に収蔵された後、展示公開の度に繰り返された折り畳みも関係していると考えられた。したがって、修理後は折り畳みを避ける収納法にする必要があった。修理の仕様は以下の通りである。

①修理前の状態を調査・記録し、写真撮影を行った。［事前調査］

②胴衣が収まる作業用保存箱を作製した。保存箱は底部に保存紙を敷き、その上に胴衣を広げ、補修作業中は箱を動かして胴衣の方向を変えられるようにした。

③粉状に劣化した繊維は埃として胴衣に付着していたので、やわらかいブラシで胴衣の表面を払いながら弱吸引式の掃除機で吸い取った。なお、集めた繊維は試料袋に入れて保管した。［洗浄］

④胴衣の上に水分を水蒸気で通す防水透湿性素材（ゴアテックス）、その上に湿らせたガーゼを置いてシートで覆った。布がわずかに湿ったところで、胴衣の上からアクリル板でおさえ錘（おもり）をのせて皺を伸ばし、乾燥させて整形した。［整形］

⑤補強用の木綿布を、袖の色にあわせて化学染料で染色、陰干し後、地の目を整えた。［強化］

⑥袖部のばらばらに絡み合った経糸（たていと）をおおよそ整えてから、もじり袖の形状に従って染色した補強用木綿布を内側に差し込み（補強用木綿布は袖部にのみあてた）、しるしをして仮止めした。
［強化］［整形］

⑦経糸は1、2本を引き揃えながら、茶色の極細ポリエステル糸で補強用木綿布に縫い止めた（補修糸にポリエステル製を選んだ理由は、鉄媒染した布の間に入っても繊維として安定していることと、細くて目立たないからである）。［強化］［整形］

⑧補修作業は袖を平らな状態に置いて行ったが、縫う際に下の布も

一緒に縫い込まないように、間にポリエステルフィルム（マイラー）を挟んで行った。［強化］［整形］

⑨下のマテ部分は、袖布とマテ布が重なった構成になっていたが、当初の縫製を保存する観点から、縫製糸は切らないことにした。このため、袖布はマテを通して補強布に縫いつけることにした。［強化］［整形］

⑩今後の繊維の劣化に備え、布の構造が残っている箇所には、経糸2、3本の割合で大まかに補強布に縫いつけた。［強化］［整形］

⑪襟の刺繍糸のはずれは、襟肩あきの隙間に同色の木綿布を縫いつけ、はずれた金糸を元の位置に戻し、ベージュ色の極細ポリエステル糸で止めて押さえた。［整形］

⑫補強を終了した後、身頃を加湿して整形した。［整形］

⑬収納箱の形状は、袖を広げて裾を畳んだ状態の形に中身を刳り抜き、中性紙製ダンボール（pH8.5）とエタフォームの重層構造とし、更に中性紙（pH7）で覆ったものを作製した。［収納等］

⑭収納箱の底に、綿テープの把手をつけた中性紙製の下敷板を入れ、その上に胴衣を置いた。これにより資料を直接もつことがなくなり、出し入れの安全性が図られた。［収納等］

⑮修理後の記録と写真撮影を行った。［報告書］

図表 4-22 「チウカウカプ K-27890」修理前（東京国立博物館蔵）

図表 4-23 「チウカウカプ」修理後、『平成 16 年度東京国立博物館文化財修理報告 VI』pp.173-174（Image: TNM Image Achives）

第 4 章 劣化と修理保存

参考資料

- H.J. Plenderleith, A.E.A. Werner: *The conservation of antiquities and works of art*, Oxford University Press, 1962
- 山本元『表具の栞』芸艸堂、1974
- 神庭信幸「油彩画の加筆および補筆について」『古文化財之科学』26号、pp.74-80、文化財保存修復学会、1981
- 神庭信幸／渡辺一郎／有田巧／飯塚広夫「ハニカムパネルを用いた板絵の裏打ち方の開発」『創形美術学校修復研究所報告』Vol.1、pp.26-31、高澤学園、1981
- 神庭信幸「ハニカムコアを利用した板絵の裏打ち方の開発（2）」『創形美術学校修復研究所報告』Vol.2、pp.34-43、高澤学園、1982
- 東京藝術大学大学院美術研究科文化財保存学日本画研究室編『よみがえる日本画——伝統と継承・1000年の知恵』東京藝術大学大学美術館協力会、2001
- 東京国立博物館編『平成11年度東京国立博物館文化財修理報告 I』東京国立博物館、2002
- 東京国立博物館編『平成12年度東京国立博物館文化財修理報告 II』東京国立博物館、2002
- 室瀬和美『漆の文化』角川選書、2002
- 国宝修理装潢師連盟編『日本美術品の保存修復と装潢技術』クバプロ、2002
- 東京国立博物館編『平成13年度東京国立博物館文化財修理報告 III』東京国立博物館、2003
- 森直義『修復からのメッセージ』ポーラ文化研究所、2003
- 東京国立博物館編『平成14年度東京国立博物館文化財修理報告 IV』東京国立博物館、2004
- 東京国立博物館編『平成15年度東京国立博物館文化財修理報告 V』東京国立博物館、2005
- 東京国立博物館編『平成16年度東京国立博物館文化財修理報告 VI』東京国立博物館、2006
- 東京国立博物館編『平成17年度東京国立博物館文化財修理報告 VII』東京国立博物館、2007
- 東京国立博物館編『平成18年度東京国立博物館文化財修理報告 VIII』東京国立博物館、2008
- 神庭信幸／塚田全彦／土屋裕子／和田浩／海野彰子／大林賢太郎「旧マウント材の茶変色を抑制する浮世絵色材について」文化財保存修復学会大会実行委員

会編『文化財保存修復学会第 30 回大会研究発表要旨集』、pp.178-179、文化財保存修復学会、2008
・鈴木晴彦／本多聡／米倉乙世／神庭信幸／土屋裕子／松田麻美「『簡易万能型の太巻芯』の活用——博物館における対症修理」文化財保存修復学会大会実行委員会編『文化財保存修復学会第 30 回大会研究発表要旨集』、pp.282-283、文化財保存修復学会、2008
・東京国立博物館編『平成 19 年度東京国立博物館文化財修理報告 IX』東京国立博物館、2009
・鈴木晴彦／本多聡／米倉乙世／神庭信幸／土屋裕子／和田浩「緑青による紙の損傷に対する保存処置法の研究開発——東京国立博物館蔵「十六羅漢像」（A-225 16 幅）解体修理を通じて」文化財保存修復学会大会実行委員会編『文化財保存修復学会第 31 回大会研究発表要旨集』、pp.116-117、文化財保存修復学会、2009
・米倉乙世／鈴木晴彦／本多聡／神庭信幸／土屋裕子「和装本の保存方法における新案——平置き、縦置きに対応する保存箱の活用」文化財保存修復学会大会実行委員会編『文化財保存修復学会第 31 回大会研究発表要旨集』、pp.204-205、文化財保存修復学会、2009
・東京国立博物館編『平成 20 年度東京国立博物館文化財修理報告 X』東京国立博物館、2010
・沖本明子／鈴木晴彦／米倉乙世／神庭信幸／土屋裕子「両界曼荼羅図（東京国立博物館蔵）の解体修理についての事例報告」文化財保存修復学会大会実行委員会編『文化財保存修復学会第 32 回大会研究発表要旨集』、pp.82-83、文化財保存修復学会、2010
・東京藝術大学大学院文化財保存学日本画研究室編『図解日本画用語事典（英語版）』東京美術、2010
・東京国立博物館編『平成 21 年度東京国立博物館文化財修理報告 XI』東京国立博物館、2011
・米倉乙世／鈴木晴彦／沖本明子／神庭信幸／土屋裕子「ポリエステルフィルムによるブックカバーの実用例——エンキャプシュレーションによる本の保護」文化財保存修復学会大会実行委員会編『文化財保存修復学会第 33 回大会研究発表要旨集』、pp.204-205、文化財保存修復学会、2011
・鈴木晴彦／米倉乙世／沖本明子／神庭信幸／土屋裕子／松田麻美：「『簡易万能型太巻芯』の利用と展開——博物館における対症修理」文化財保存修復学会大会実行委員会編『文化財保存修復学会第 33 回大会研究発表要旨集』、pp.102-

103、文化財保存修復学会、2011
- バレリー・リー（修理技術者）／鈴木晴彦／米倉乙世／沖本明子／神庭信幸／土屋裕子／松田麻美「東京国立博物館における臨床保存の取り組みの事例研究報告——書跡の対症修理の最新報告」文化財保存修復学会大会実行委員会編『文化財保存修復学会第 33 回大会研究発表要旨集』、pp.138-139、文化財保存修復学会、2011
- 土屋裕子／神庭信幸／金鐘旭「東京国立博物館の対症修理——古い額を安全に利用するための工夫」文化財保存修復学会大会実行委員会編『文化財保存修復学会第 33 回大会研究発表要旨集』、pp.126-127、文化財保存修復学会、2011
- 東京国立博物館編『平成 22 年度東京国立博物館文化財修理報告 XII』東京国立博物館、2012
- 東京国立博物館編『平成 23 年度東京国立博物館文化財修理報告 XIII』東京国立博物館、2013

第 5 章　教育と普及

第1節　保存活動の公開

〔1〕社会に示す

アクセス（Access）

　観賞や研究など、さまざまなかたちで人が資料と接点をもつことを「アクセス」という。博物館などのように、文化、芸術に関係する専門機関は、収蔵資料や遺跡そのものを直接見学できるよう、そして同時にそれらに関する知的情報に接することができるような環境を用意する必要がある。人々が芸術や文化遺産を享受できるようにすることは、こうした職業分野に携わる者の共通の使命である。一般来館者、専門家を問わず、資料に対してさまざまな興味をもつ人々が、それぞれの興味に応じて資料に「アクセス」することにより、資料の存在の意味がより大きくなる。

　博物館は、収蔵する資料を展示すれば役割を果たせるかといえば、そうではない。展示室で鑑賞できる資料の他に、展示替えのためたまたまその時は鑑賞できなかった資料、あるいは見たこともない資料が眠っている可能性を含めて、一般の来館者は、資料は普段どのように維持管理されているのだろう、収蔵庫はどんなところだろう、などと自然な疑問を抱いている。他館に貸与中の資料、修理中の資料も含めて、博物館は社会に対して所蔵する資料の展示計画、そして保存の仕方について可能な限り説明を行う必要がある。

　公開とは、展示に限らず、博物館資料を保存継承するために行われるあらゆる活動をわかりやすく社会に説明することである。愛好家や専門家のみならず、博物館を訪れたことのない人々に対して、広く説明することが大切である。博物館が公共財としての文化財資料をどの

ように扱っているか示すことで、博物館の透明性は増し、同時に博物館の信頼性は高まる。透明性が高まることによって、博物館とはどんなところで、そこで何をしているのかがわかりやすくなるので、博物館を利用する人々の年齢、階層や職種は格段に広がる可能性がある。公開は現状を示すことであり、現状は公開に耐えるものでなければならない。公開を妨げる理由を探し出すことは容易であるが、それを克服して現状を伝える。その克服の過程を経ることで博物館活動が整理され、博物館は次の段階へと進む足がかりを得ることになる。

　このように博物館の使命は、展示活動を含む広義の意味での公開、そして文化財資料の保存なのである。

展示公開

　保存に関する活動を公開することは特に新しいことではなく、専門的な機能の紹介あるいは専門的な成果の公表手段として、従来から行われてきたことである。たとえば、修理を終えた著名な作品を周辺情報とともに展示公開する、科学的調査で判明した資料の製作技術や履歴などの新事実を公開する、あるいは保存に従事する専門家の仕事場や技術の紹介など、さまざまなテーマについてこれまでも発信されてきた。これらのテーマを大別すると、科学的調査結果と修理事例に分けることができる。

　内容については、どちらかといえば新規性あるいは記念的な意味合いが重要視される傾向があり、したがって日常的な活動を丁寧に説明した例は少ない。さらに総合的というよりも個別的な内容が多い。また、公開のタイミングとしては、多くの場合が単発的であり、長期にわたって継続して展示される例はわが国においてはほとんどない。一方、諸外国に目を向けると、展示室に常設された博物館の活動に関するコーナーを見かけることは珍しくなく、近年ますますその数は増加し、内容も充実する傾向にある。

このようにわが国における公開の在り方は、どちらかといえば短期間で偏った内容になりがちで、総合的な内容が長期間継続される例は少ない。これまで見てきたように、保存に関する活動は博物館活動の広い領域と深くかかわり、決して単独で進められるものではない。一連の博物館活動の中に保存の活動を関連づけて、保存の役割が博物館活動を広く支えるものであり、資料に対する安全と、職員や来館者に安心を与えるものであることを社会に伝えることは、資料の保存継承を使命とする博物館としての責任である。

〔2〕来館者に示す

修理保存活動の紹介

　東京国立博物館では、2000（平成 12）年に「東京国立博物館コレクションの保存と修理—平成 10、11 年度修理作品」と題した特集展

図表 5-1　「東京国立博物館コレクションの保存と修理」開催風景

示をはじめて開催し、以後毎年恒例の特集展示となっている（図表5-1）。この展示は、前年度までに本格修理を完了した資料の中から、30件前後の資料を各分野から選び出して展示公開する企画で、保存活動を紹介する企画として館が最初に取り組んだものである。さまざまな保存活動の中で、修理保存は最も多くの経費を要するものであり、修理の必要性、修理の工程、そして修理後の姿を公開する責任があると考えてはじめられた。

　各資料には、資料名称などの基本データとともに修理前の状態を示す写真と解説および処置内容の概略を付し、来館者への説明とした。数点の資料には大型展示パネルにより詳細な説明を加えることによって、来館者の理解が一層深まるように配慮されている。開催期間は2002（平成14）年度までは3週間であったが、2003（平成15）年度から6週間に変更され、他の特集と同様の期間となった。この段階で「東京国立博物館コレクションの保存と修理」は、博物館で実施されるその他の多くの特集企画と肩を並べ、単発的ではなく継続的な企画として仲間入りしたことになる。

　会期中は週に一度の割合で解説（ギャラリートーク）を行い、修理に直接かかわった専門家が来館者に説明することによって、保存修理事業に対する理解が深まるように努めている。更に2005（平成17）年度からは、解説用の大型展示パネルを付した資料に関する内容を、A3判三つ折りのリーフレットにして来館者に提供している。このように定期的に開催することにより、博物館の特集展示として定着し一般来館者の好評を得て、それによって更に展示内容の充実が図られていくという好循環を生み出している。

バックヤードツアー

　博物館内部の一般公開されていない区域を見学する企画を「バックヤードツアー」という。東京国立博物館では「保存と修理の現場に行

こう」と題して、2003（平成15）年度から特集展示「東京国立博物館コレクションの保存と修理」の開催にあわせて毎年実施するようになった。単に作業空間を見学するだけではなく、その中で実際に行われる作業を体感できるような環境を用意するように努めている。現在は2日間で60名を募集し、1日30名を1班10人体制で3班に分け、4か所の見学先を交互に見学するようにしている（図表5-2）。

　見学場所は常設展示場にある「保存と修理」コーナー、刀剣の研磨、東洋絵画・書跡の修理、X線透過撮影室の4か所である（2013［平成25］年現在）。見学場所はその年の作業の状況によって多少の変化はあるが、概ねこのような内容で一貫している。バックヤードツアーの日程調整、参加者の募集、実施の主体は博物館教育課が担当している。

　実施の際には、1班あたりにボランティア3名、博物館教育課職員1名、保存修復課職員1名が同行し、各班を4か所の見学先に滞りなく引率し、かつ見学先での資料の安全が確保できるように気配りがで

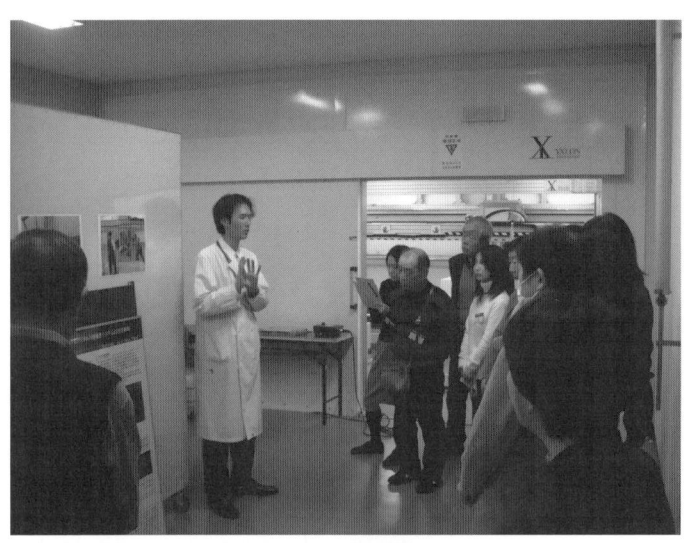

図表5-2　「保存と修理の現場に行こう」実施風景

きる体制を組んでいる。出発に先立ち、トラブルや事故を起こさないためのマナーおよびルールなどを博物館教育課が丁寧に説明した上で、保存修復課が保存活動全体に対する概要説明を行い、予備知識を提供する。見学先での内容説明は保存修復課職員が行い、1か所あたりの説明時間は質疑応答時間を含めて15分程度としている。したがって、ツアー全体の開催時間はおよそ2時間となる。

　ツアーの実施において最も注意を払う点は、資料に対して事故を起こさないことである。修理中の資料を一般来館者に公開することに対しては、作品の安全管理上の観点から、博物館や保存の専門家の間ではもともと抵抗感が強く、その実現のためには極めて高い安全策を講じて実質的な安全だけではなく、関係者の安心感を得なければならない。事故の発生は、バックヤードツアーの即中止につながることである。高い安全性を確立してこそ、バックヤードという領域を来館者に親しんでもらうことが可能になる。それによって公開の中身が一層拡大することになる。

常設の展示室を開設

　東京国立博物館では保存の意義、役割そして活動を紹介する常設の展示室「保存と修理」を2007（平成19）年1月2日に開設した。博物館における保存修理の役割が、常設展、特別展、収蔵、修理、購入などさまざまな分野の活動に及んでいくに従い、保存と公開が博物館の使命であることを特別な機会にだけ示すのではなく、来館者に日常的に示すことが必要であるという認識が職員の中に広がった結果、常設展示室の開設につながった（図表5-3）。

　こうした空間を設置することに関して、保存修復課の専門家による提案が基礎にあるのは当然として、背景として職員全体がその必要性を強く感じはじめていたことも、実現するための大きな理由である。まさに博物館全体の意識変革の例である。

2007年1月から2010（平成22）年11月に行ったのが最初の展示である。展示室には、壁面を飾る2本の大型バナー、挨拶文パネル、劣化・診断・予防・修理・記録を記した解説パネル、修理前後を紹介する実物資料を展示する覗き型の展示ケース、予防と修理に利用される材料と道具を紹介する展示ケース、そして具体的な作業をスライドショーで見ることができるモニターを設置した。

　説明的な展示内容になることから、紹介する事項を絞り込んだ上で、わかりやすい表現や表示を目指して教育普及課（当時）とともに検討を行った。大型のバナーは来館者の目に触れやすく、それが展示を見る契機になることを期待した。解説パネルは取り組みの全体像が理解できるように、写真と図を用いてできるだけ少ない文字数で示した。展示ケースには修理保存を紹介するものとしてピンセット、ヘラ、刃物、刷毛などの道具と和紙、膠、絵具などの修理材料を展示し、予防保存のコーナーには毛髪温湿度自記録計、データロガー、免震装置の縮小モデル、調湿剤などを展示した。モニターに映し出されるスライドショーには、カルテの中に記録された画像や文字を時系列に整理し

図表5-3　「保存と修理」メッセージコーナーの風景

て、プレゼンテーション用のソフトを用いて5分前後のプログラムを用意し、掛け軸の修理工程、仏像の輸送工程などを紹介した。製作にあたり新規に取材を行うことはせずに、全てカルテに残された記録を利用した。カルテを過去、現在および将来にわたって継続的に利用する点が重要なポイントである。

　第2期は、2010年12月にリニューアル工事を行い、2011（平成23）年1月から2013（平成25）年12月にかけて実施した展示である。1期目の展示で明らかになった「展示内容がわかりにくい」「保存分野に関心をもつ来館者が一層増えている」などの指摘に対して、展示の目的の明確化、情報量を増やす、わかりやすい展示、10年間に蓄積した保存の経験と情報をかたちにすることを目的としたリニューアルを行った。

　解説パネルの文字数を大幅に減らし、日本語と英語で表記した。修理保存を紹介するコーナーでは実物資料の展示ケースを大型化し、展示替えを年5回行いながら、本格的な実物資料の展示紹介を可能にした。展示した実物資料に対応する修理技術を紹介する別の展示ケース用に各分野の展示キットを作製し、展示替えのたびに資料に応じて容易に入れ替えができるようにした。臨床保存学の基本となる調査診断、予防保存、修理保存を理解することができるような展示を目指した。

　第3期は、2014（平成26）年4月から公開する最新の展示である。今回のリニューアルのポイントは、予防保存の展示スペースを大幅に増やして内容を豊かにすること、修理保存の活動をより現実味をもった内容で紹介できるようにすること、記録の蓄積の大切さが理解できるような内容を盛り込むこと、これら3点になる。リニューアルを重ねる毎に、内容の充実を図るようにしている。

第2節　保存教育

〔1〕専門家を育成する

大学院生向けインターンシップ研修

　東京国立博物館保存修復課は2007（平成19）年度からインターンシップ研修を開始し、年に1回、10日間受け入れることにしている。大学院在籍者を対象に、履歴書による書面審査と面接審査により受け入れ者は決定される。受け入れ人数は毎年5名以内だが、保存修復課の業務と同時並行で実施するため、現状ではそれくらいが上限と考えている。これまでの受け入れの実績は、2007年度は3名、2008（平成20）年度は2名、2009（平成21）年度は2名、2010（平成22）年度は4名、2011（平成23）年度は3名、2012（平成24）年度は4名となっている。

　研修では、保存修復課が日常的に実施するさまざまな活動を学ぶために、10日間でそれらの概要が理解できるようなカリキュラムの編成としている。インターン生が専門機関に滞在し、専門家の下で数週間過ごすだけで保存に関する何かが得られるという漠然とした受け入れではなく、明確な意図の下で提供する事項を厳選し、各事項は職員それぞれが責任をもって対応しながら、10日間で学べるようなカリキュラムとしている。カリキュラムの編成そのものが保存修復課の大切な業務でもある。参加費用はかからないが、研修中の怪我などに備えて加入する保険料、博物館までの交通費などは研修生側の負担である。

　保存修復課が行う日々の業務の内、インターン生が具体的に参加できるものは、1）調査診断の内容として作品および環境の調査・診断などの補助、2）予防保存として温湿度の安定のための改善、統合

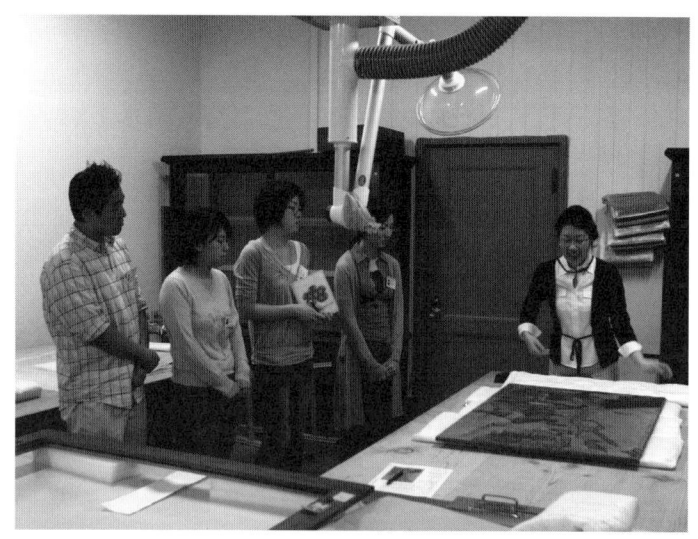

図表 5-4　大学院生向けインターンシップ研修風景

1. 【全体概要】
    保存修復課および臨床保存学概説講義（2 時間）
    大型彫刻輸送実例に関する講義（2 時間）
2. 【作品の調査診断】
    貸与・借用品の点検（8 時間）
    X 線を使用した科学的調査に関する講義と見学（2 時間）
    保存カルテおよび科学的調査に関する講義と見学（2 時間）
3. 【環境の調査診断と予防保存】
    展示室の環境調査とカルテ作成実習（4 時間）
    特別展環境管理（2 時間）、予防保存に関する実習（4 時間）
    環境保全計画、予防保存、IPM（2 時間）
    収蔵、展示、輸送など環境保全計画の評価（2 時間）
4. 【作品の調査診断と修理保存】
    展示作品の状態調査とカルテ作成実習（4 時間）
    予防保存および対症修理に関する講義と見学（4 時間）
    対症修理および本格修理に関する講義と見学（4 時間）
    修理報告書に関する講義（2 時間）
5. 【教育普及】
    本館 17 室「保存と修理」メッセージコーナーの見学および講義（2 時間）
    修理展、ギャラリートーク、ツアー、シンポジウムに関する講義（2 時間）
6. 【全体評価】
    質疑応答、研修生に対する評定（4 時間）

図表 5-5　インターンシップ研修のカリキュラム（平成 24 年度）

第 5 章　教育と普及　　195

的有害生物管理、災害対策などの補助、3）修理保存として対症修理、本格修理のための事前調査、修理報告書の作成などであり、全て見学あるいは体験を行うことに限定している。これは、インターン生が研修中に資料を破損するリスクに対し、博物館側とインターン生が所属する大学側とが必ずしも明確な対処を規定できない現状から、インターン生には実物資料の取り扱いを行わせないという合意の下での研修となっているためである。現在のインターンシップは、専門的な研修というよりも内容的には就労体験学習といった方がより適切な表現といえる。

　こうした制約を前提としつつも、博物館が実践する活動に沿った研修体験を通じて、インターン生たちには臨床保存学の意味と仕組みを適切に理解してもらうことが目的となっている。10日間のカリキュラムは事前に組まれ、インターン生は時間割に従ってプログラムに参加する。科目に相当する各研修項目に対して一人の職員がつき、インターン生に説明、指導を行うようになっている。将来的には、受け入れ期間を半年程度に延ばし、実物作品の取り扱いを可能にした本格的なインターンシップ研修コースの設置が必要であると考える。

文化財保存修復専門家養成実践セミナー

　NPO法人文化財保存支援機構と東京国立博物館は共催で、2008（平成20）年度から学生および専門家向けに「文化財保存修復専門家養成実践セミナー・レベルⅠ」を開始した。これは、より実践的で掘り下げた内容を必要とする学生、あるいは社会で活躍する専門家が再研修の機会を得られるようにするため、NPO法人と連携して夏季に開催するようにしたものである。

　実践的な研修の性格を明確にするために、講師は実務に携わる各分野の専門家を外部から多数起用して行うようにしている。1年あたり2週間の教育プログラムを2か年にわたり、約100時間の研修を受け

て修了するコースで、毎年30名余りが参加している。受益者負担の考え方に基づきながら、研修生は参加費を支払い、主催者側は会費に見合う充実した内容の提供に努めている。参加者には、事前に全講義のレジュメ、カリキュラム終了後には全講義の講義録が1冊ずつ配られる。カリキュラムは講義を中心にして、ワークショップ、施設見学などを織り込みながら構成されている。

具体的には、資料や環境の状態を把握する方法を学ぶ調査診断法、環境改善の方法を学ぶ環境保全概論、資料の修理設計の基礎を学ぶ基礎修理設計、予防や修理で使用する材料あるいは資料を構成する材料について学ぶ基礎材料論、文化財保護法や国際協力などさまざまなトピックスについて学ぶ特別講義である。

レベルIの修了生は、より高度で実践的経験を伴うレベルIIに進むことができる。レベルIIは保存修復の現場において1週間程度の実際的な作業を体験するプログラムである。毎年10名程度が参加している。研修は、東京国立博物館の近傍にある歴史的な町屋に保管さ

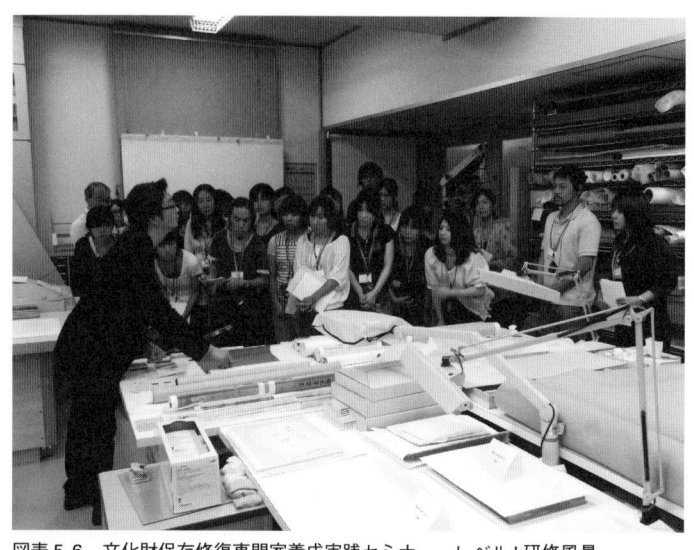

図表5-6　文化財保存修復専門家養成実践セミナー・レベルI研修風景

れる民具や文書などの保存管理について、建造物の内部で調査、予防、修理などを実際に体験する内容となっている。

　文書や民具の専門家から調査・記録の仕方の手ほどきを受けながら、家屋に保管されているそれらの状態と内容を記録する。その後、必要に応じた保存処置を行う。たとえば、高湿度の床下で保管されてきたために、黴が生え、ネズミなどによる被害を受けた文書の整理とクリーニングを実際に経験する。文書の並び順を変えてしまわないように位置関係を記録しながら床下から取り上げ、クリーニングの前に各文書の状態を記録し、全体の作業手順を決めてからクリーニングに入ることを、研修生たちが随時確認し、話し合いながら進めていく。

　2012（平成24）年度からは、東日本大震災で被災した東北地域の博物館施設の協力を得て、現地でレベルIIを開催することになった。具体的には、津波で壊滅的な被害を受けた岩手県陸前高田市および救援活動を行っている岩手県立博物館において、被災資料の安定化処理や環境整備などを通じて博物館の復興を目指す人々とともに学ぶ実践セミナー「陸前高田学校」を開校し、さまざまな被災文化財の処置を実際に体験することで、判断力とコミュニケーション能力の育成を目指した研修を実施している。あわせて、研修生と講師陣が現地で作業にあたることにより、技術情報を被災地に提供するなど、現地との具体的な交流が進むことを望んでいる。

　このように、段階的な教育プログラムの用意と、それに沿った研修環境を整えることで、使命感、技術、状況判断を実践的な場において学び、それによって専門家に必要な実践的な能力を養成することに努めている。

1. 【調査診断法】
    保存修復事業におけるドキュメンテーションとして調査票・カルテ・報告書の作成の仕方について（20時間）
2. 【環境保全概論】
    温湿度、空気汚染、生物、展示室、収蔵庫、包材、輸送、遺跡に関する環境保全について（20時間）
3. 【基礎修理設計】
    東洋絵画・書跡・歴史、油彩画、洋紙、彫刻、漆工、染織、金工、考古、遺跡などに対する保存修復事業の仕様設計について（30時間）
4. 【基礎材料論】
    紙、布、接着剤、顔料、染料などの組成、物性、性能、安定性などに関する保存修復材料の選択について（20時間）
5. 【特別講義】
    文化財保護の歴史などについて（10時間）

図表5-7　文化財保存修復専門家養成実践セミナー・レベルⅠのカリキュラム

図表5-8　文化財保存修復専門家養成実践セミナー・レベルⅡ研修風景

〔2〕保存の大切さを広める

資料保存に関する出版物の刊行

　東京国立博物館が刊行した資料保存に関する市販出版物は、2002（平成14）年から2004（平成16）年にかけて刊行した『ミュージアムサイエンス』（vol.1〜3）、2011（平成23）年に刊行した『東博の臨床保存——使命は公開と保存を支えること』、2013（平成25）年に刊行した『東京国立博物館の臨床保存［改訂版］』である。これらは、保存修復課が進める、新たな保存の仕組みについて伝えることを目的として作成された出版物である。

　これらはいずれも、入手の便を図って有償とした。博物館から特定の関係者に配布される無償の出版物では、その内容を一般の来館者や博物館に興味をもつ人々に広く知らせることは不可能である。また、配布用のチラシやパンフレットでは、学術的な参考文献としては扱われにくく、また長期的に手元には残りにくいものである。したがって、展示や講演会といった方法以外で社会に伝える方法は、誰もが入手可能な有償の出版物あるいはメディアの利用ということになる。博物館の主体的な意思によって時期、規模、内容を決定できるのはどちらかといえばマスメディアより出版物の方であり、出版物からはじめることの方が内容の整理と確立には都合もよい。もちろん、マスメディアからも取り上げられるように、常に周到な準備をしておく必要はある。

　東京国立博物館がこの10年間で刊行した出版物を通じて、保存修復課が提唱する「臨床保存学」についての文章的な整理は相当に進み、方法論の整理、用語の統一、用語の普及が図られた。2013年刊行の『東京国立博物館の臨床保存［改訂版］』は、こうした点を具体的な形にしたものである。内容の構成は、全体のテーマである臨床保存の説明からはじまり、調査診断、予防保存、修理保存の順に説明と事例が

紹介されている。『東京国立博物館の臨床保存［改訂版］』は東京国立博物館のミュージアムショップ、一般書店、インターネットなどで入手可能である。

マスメディアの活用

　こちらの意志だけでマスメディアに取り上げてもらうことは困難である。しかし、取り上げてもらえるように準備を行うことは難しいことではない。私たち博物館の関係者が接触するのは新聞記者の場合が多いが、その他にもテレビ局のディレクター、雑誌社のライターの場合もある。こうしたメディア側に対して、常日頃から自らの取り組みについて情報を提供し続けることが大切である。些細な内容でも丁寧に伝え、説明する。判断するのはメディア側である。日頃の接触を積み重ね、その結果として両者に信頼関係が生まれることにより、いずれ雑誌や新聞、あるいはテレビ番組などで紹介される機会が巡ってくる可能性は高くなる。もちろん、大発見や大事件の場合には、マスメディアはこのような準備の如何にかかわらず飛びついてくる。もしもそのような機会だけを待つとしたら、ほとんどマスメディアとのかかわりは生まれてこない。

　本章第1節「保存活動の公開」で述べたように、博物館は軸足の一つを公開に置かなければならない。それほど公開は重要なことであり、そのためにはさまざまな方法を用意しておく必要がある。その一つがマスメディアの活用ということになる。現状としては、博物館関係者がマスメディア側と接触する機会は極めて少ないために、対応の仕方について不慣れであり、それが距離を広げている原因でもある。大事件や新奇性の高いニュースが優先されるのは性質上仕方ないことであるが、博物館の日常的な活動がマスメディアにより公開される道を確実に開くためにも、少ないかかわりの中で両者の信頼関係を構築するように努めなければならない。

参考資料

- 東京藝術大学美術学部保存修復技術研究室他編『甦る仏たち——文化財保存修復技術展』文化財保護振興財団、1991
- 国立歴史民俗博物館編『科学の目でみる文化財』国立歴史民俗博物館、1992
- 鈴木淳、東京藝術大学藝術資料室、東京藝術大学美術学部保存修復技術研究室編著『油画を読む——明治期名品の研究と修復』芸術研究振興財団、1993
- 東京国立博物館編『ミュージアムサイエンス2002』vol.1、クバプロ、2002
- 東京国立博物館編『ミュージアムサイエンス2003』vol.2、クバプロ、2003
- 東京国立博物館編『ミュージアムサイエンス2004』vol.3、クバプロ、2004
- 神庭信幸「東京国立博物館コレクションの保存と修理」『月刊文化財』5月号、pp.40-41、第一法規、2004
- 土屋裕子／神庭信幸／沢田むつ代／高橋祐次「東京国立博物館における保存修復事業展示とその展望」文化財保存修復学会大会実行委員会編『文化財保存修復学会第28回大会研究発表要旨集』、pp.276-277、文化財保存修復学会、2006
- 神庭信幸「東京国立博物館におけるインターン制度——インターンシップの未来」文化財保存修復学会編『文化財の保存と修復12——文化財のまもり手を育てる』、pp.65-74、クバプロ、2010
- 東京国立博物館編『東博の臨床保存——使命は公開と保存を支えること』東京国立博物館、2011
- 神庭信幸「博物館活動に必要な保存修復専門家を育成するための教育プログラムの開発と実践」（発表）《国際シンポジウム：ICOM — CECA アジア太平洋地区研究集会》国立歴史民俗博物館、2012
- 東京国立博物館編『東京国立博物館の臨床保存［改訂版］』東京国立博物館、2013

第 6 章　環境保護と博物館の役割

第 1 節　低炭素社会との共存

〔1〕温暖化と規制

地球温暖化現象と世界の動向

　1990 年代に入るとともに、地球温暖化が人類をはじめとする生物世界全体に深刻な問題をもたらすことが指摘されはじめた。地球温暖化の原因にはさまざまな要因が考えられるが、世界中の科学者で構成される「気候変動に関する政府間パネル」（IPCC:International Panel on Climate Change）は、2001（平成 13）年の第 3 次評価報告書で、温暖化の原因はほぼ確実に人類の活動によるものだとしている。今後、温暖化による砂漠化の進展や氷原・氷床の減少などの直接的な影響のほか、食糧生産、海岸の浸食、生物種の減少などにも一層深刻な影響がでてくるものと予想されている。

　温暖化現象が発生するメカニズムは、1）空気中の温室効果ガスが赤外線の一部を吸収する、2）その熱が地表面に放射される、3）温室効果ガスが多すぎると放射熱が多くなり温暖化が進む、と考えられている。仮に一切の温室効果ガスが空気中に存在しないと、地表面の平均温度は理論上 −19℃といわれている。温室効果ガスは地表を温めるためにはなくてはならないが、多すぎると弊害をもたらす。温室効果ガスの中でも、二酸化炭素、メタン、一酸化二窒素、フロン類（CFC、HCFC、HFC、PFC、SF_6）などが温暖化に影響を及ぼす。とりわけ、化石燃料の燃焼などによって排出される二酸化炭素が最大の原因と考えられている。

　温暖化を防止する世界的な取り組みは、1997（平成 9）年の「気候変動枠組条約第 3 回締約国会議」（COP3：Conference of the Parties 3、

京都）で「京都議定書」が採択され、2005（平成17）年2月から発効している。これによって、先進国の温室効果ガス排出量について法的拘束力のある数値目標が国ごとに設定されたが、途上国に対しては数値目標などの新たな義務は導入していない。具体的な目標は1990（平成2）年比で、日本−6％、EU−8％、カナダ−6％などとなっているが、アメリカ合衆国は2001年に離脱している。2009（平成21）年の「気候変動枠組条約第15回締約国会議」（COP15、コペンハーゲン）において、ポスト京都議定書の温室効果ガス排出削減目標の新たな合意を目指したがそれには至らず、以後2013（平成25）年までにCOP16、同17、同18、同19が開催されているが、いまだ合意形成は進んでいない。この間、ポスト京都議定書に代わる暫定的な第2約束期間が設定されたが、カナダは京都議定書からの脱退、日本やロシアは第2約束期間には参加しないことを表明するなど、各国の思惑の違いが表面化する状況になっている。現在の課題としては、温室効果ガスの削減量に関する議論とともに、温暖化と関連する気象災害によって発展途上国が被る損失・被害に対して先進諸国が支援を行うための仕組みづくりが、重要なテーマとなっている。

博物館活動への影響

　産業活動などによって大気中に放出される大量の温室効果ガスによって、地球温暖化は確実に進行している。それに対する対策として、温室効果ガスの一つである二酸化炭素の排出を削減する努力がさまざまな分野で求められている。二酸化炭素は電力の消費、石油の燃焼など人間の活動や、山火事など自然災害に伴って大気中に放出される。その削減の方法には、1）現状の設備能力を維持したままエネルギー使用量を減らして削減する、2）エネルギー変換効率の高い設備に置き換えることによって省エネルギー化を進めて削減する、3）再生可能エネルギーなど二酸化炭素を排出しない代替エネルギーの利用

によって削減する、4）排出量取引により排出枠を買い取り相殺する、などが考えられる。つまり、活動規模の縮小か新規の設備投資、あるいは規定を超えた排出量に対して経費を支払うしか方法はないわけである。今日では二酸化炭素排出量が法律で定められた量を超えると、処罰の対象となる状況も生まれてきているので、何らかの行動をとらなければならない時代であることだけは確かである。

　一般的にいえば、経費の乏しい博物館では、新たな設備投資や二酸化炭素排出量取引の財源を確保することは決して容易ではなく、必然的に選択肢は事業規模の縮小に向かわざるを得ないのが現状である。縮小の対象は時として第三者には見えにくいもの、あるいはわかりにくい事業が選択されることが多い。なぜなら、展示活動の縮小は他の活動に比べて明らかに目立ち、入館者も必然的に減少するため、そこに着手することは避ける傾向にあるからである。一方、収蔵庫や展示室における空調運転時間の削減は、電気、ガス、石油等の使用量抑制につながり、かつ一般的には目につかない領域である。削減だけが目的の空調時間の縮減はあって欲しくないが、今日の社会情勢からいえば他に方策がない限り、消極的にせよ選択せざるを得ない場合があるのも現実である。困難な課題ではあるが、事業規模の縮小を伴わない二酸化炭素排出量の削減に向けた積極的な取り組みは、これからの博物館が目指すべき方向であり、博物館資料を保全するための新たな指針あるいは行動規範が今求められている時代であることは事実である。

省エネ法

　「省エネ法」の正式名称は「エネルギーの使用の合理化に関する法律」という。1979（昭和54）年に制定（2008［平成20］年に改正）された、経済産業省が主務官庁の法律である。本法律では、電気、熱の年間使用量を原油に換算し、年間3000kl（キロリットル）以上を消費する施設を第1種エネルギー管理指定工場とし、1500kl以上を

消費する施設を第2種エネルギー管理指定工場と定義している。第1種エネルギー管理指定工場には東京国立博物館（約3100kl使用）、第2種エネルギー管理指定工場には九州国立博物館（約2100kl）、奈良国立博物館（約1600kl）が指定されている。なお、京都国立博物館は約780klである。

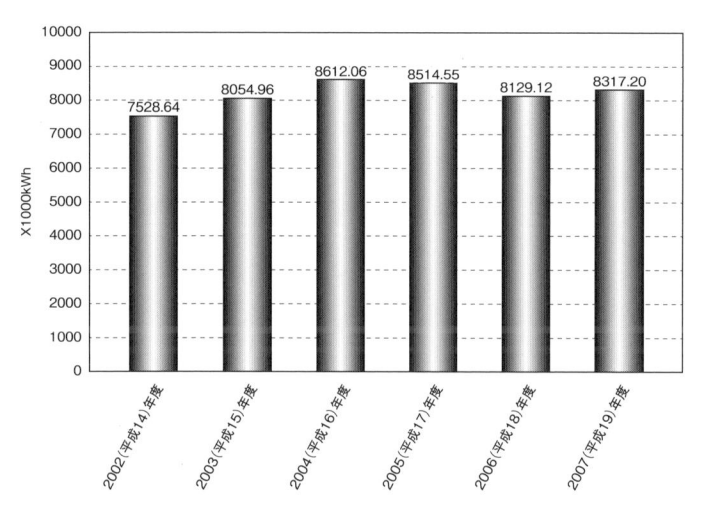

図表6-1　東京国立博物館電力使用量の推移

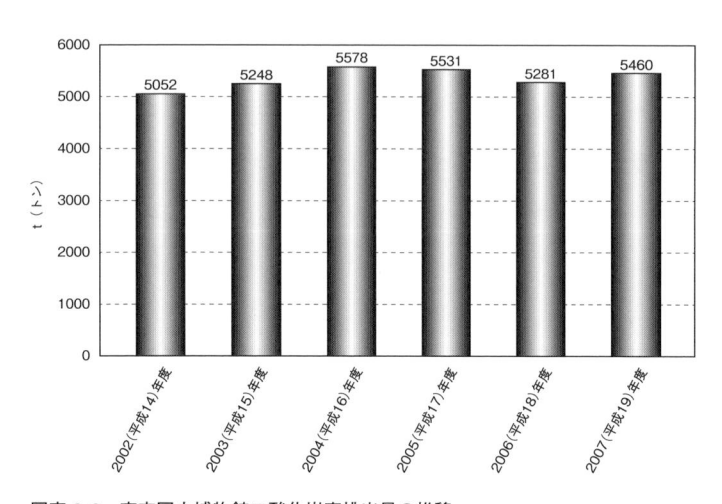

年度	×1000kWh
2002(平成14)年度	7528.64
2003(平成15)年度	8054.96
2004(平成16)年度	8612.06
2005(平成17)年度	8514.55
2006(平成18)年度	8129.12
2007(平成19)年度	8317.20

図表6-2　東京国立博物館二酸化炭素排出量の推移

年度	t（トン）
2002(平成14)年度	5052
2003(平成15)年度	5248
2004(平成16)年度	5578
2005(平成17)年度	5531
2006(平成18)年度	5281
2007(平成19)年度	5460

第6章　環境保護と博物館の役割　207

省エネ法は、使用するエネルギーの削減を目標とする法律である。年平均1％以上のエネルギー消費原単位の低減を目標とし、中長期的な視点に立った計画的な取り組みへの努力が設定されている。現在の法律では、施設全体でエネルギー管理統括者、エネルギー管理企画推進者の選任、中長期計画書および定期報告書（施設全体）の作成・提出、管理標準（各事業所単位）の作成・設定および遵守が義務づけられている。

　省エネ法改正以来、東京国立博物館の電力消費は一旦減少したが、その後再び増加傾向を示している。要因としては以下のことが考えられる。1）開催イベントの増加、2）貸室開始、3）夜間ライトアップ開始、4）通常空調および照明運転時間の増加、5）夏季気温の上昇、6）特別展期間の増加、7）新しい収蔵庫等の増加、などである。

地球温暖化対策の推進に関する法律
　この法律は、地球温暖化が地球全体の環境に深刻な影響を及ぼすものであること、社会の持続的な発展を保証しつつ、気候に対して危険な干渉を及ぼすこととならない水準において、大気中の温室効果ガスの濃度を安定化させ地球温暖化を防止することが人類共通の課題であること、全ての者が自主的かつ積極的にこの課題に取り組むことが重要であることなどを前提として1998（平成10）年に成立したものである。温暖化対策推進法あるいは温対法と呼ばれることがある。

　法律の目的は、地球温暖化の抑制を図るために、地球温暖化対策計画の策定および温室効果ガスの排出の抑制などの具体的な政策を実施することによって、国民の健康と文化的な生活の確保、そして人類の福祉に貢献することである。地球温暖化対策の定義とは、温室効果ガスの排出の抑制、森林による温室効果ガスの吸収作用の保全と強化、地球温暖化の防止を図るために国際的に協力して行う施策である。この法律で定義される温室効果ガスは、二酸化炭素、メタン、一酸化二

窒素、ハイドロフルオロカーボンのうち政令で定めるもの、パーフルオロカーボンのうち政令で定めるもの、六フッ化硫黄のことをいう。

　対策を実施する上で、国、地方公共団体、事業者、国民それぞれの責務を定めて役割が明示されている。国の役割は、温室効果ガスの濃度変化および気候の変動および生態系の状況を把握するための観測と監視を行うとともに、総合的かつ計画的な地球温暖化対策を策定して実施することである。地方公共団体は、温室効果ガスの排出量を抑制するために、その地域の自然的社会的条件に応じた施策を推進する。事業者は、温室効果ガスの排出の抑制に努めるとともに、国および地方公共団体が実施する温室効果ガスの抑制のための施策に協力しなければならない。国民は、日常生活における温室効果ガスの排出の抑制に努めるとともに、国および地方公共団体が実施する温室効果ガスの排出の抑制等のための施策に協力しなければならない。

　対策を推進するために、政府は地球温暖化対策推進本部を置き、地球温暖化対策に関する計画期間、基本的方向、排出量の抑制などに関する目標を定め、少なくとも3年ごとに、地球温暖化対策計画に定められた目標および施策について検討を加えることになっている。京都議定書では二酸化炭素とそれに換算した他5種以下の排出量について、基準年となる1990（平成2）年に比べて、2008（平成20）年から2012（平成24）年の期間中に6%以上削減することが求めているが、政府は削減目標に対して対策を実施中であり、2011（平成23）年までの実績値でいえば、目標を達成できる水準で推移している。

東京都環境確保条例

　2010（平成22）年4月に改正された東京都の「改正環境確保条例」は、二酸化炭素排出量の削減を目標とする規制である。年間の使用エネルギーが原油換算で1500kl以上の事業所が該当し、年間約3100klを消費する東京国立博物館は適用の対象となる。2009（平成21）年

度までは計画的な対策実施（削減努力）であったが、2010（平成22）年度から削減結果（削減義務）を求める制度に改正された。

　削減義務量は、基準排出量、削減義務率、計画期間の積によって求められる。基準排出量は過去3年間の平均排出量（2002［平成14］年度から2007［平成19］年度の期間のいずれか連続する3か年度の平均を選べる）、削減義務率はオフィスビル8％、事業所6％に設定されている。計画期間は、第1次計画期間として2010年度から2014（平成26）年度の5年間、第2次計画期間として2015（平成27）年度から2019（平成31）年度の5年間が想定され、削減目標は17％と予想されている。

　仮に基準排出量を2004（平成16）年度から2006（平成18）年度の3年間の平均とした場合、東京国立博物館の基準排出量は5463t（トン）、削減義務率は8％であるので、5年間の計画期間内での削減義務量は5年間で2185t、1年あたりにすると437tの削減が必要となる。所定の削減量に達しない場合には、二酸化炭素排出量の取引による排出枠の相殺が求められる。削減義務が不達の場合には、知事が不足量を調達しその費用が請求されるなど罰則が適用される。

　なお、東京都環境局は事業所および家庭向けに省エネルギー対策の基本となる「賢い節電」をそれぞれ示している。以下に掲載するので、参照してほしい。

「賢い節電」の基本原則（3原則）
1　無駄を排除し、無理なく「長続きできる省エネ対策」を推進
2　ピークを見定め、必要なときにしっかり節電（ピークカット）
3　経済活動や都市のにぎわい・快適性を損なう取組は、原則的に実施しない

事業所向け『賢い節電』7か条

1 500ルクス以下を徹底し、無駄を排除、照明照度の見直しを定着化

　通年の取り組みが可能な対策として、2011年夏に東京で実践された照明の間引き・照度の見直しを定着化させる（執務室の机上は、500ルクス以下（300～500ルクス程度））

2 「実際の室温で28℃」を目安に、それを上回らないよう上手に節電

　〈湿度管理も併せて行い快適性を確保〉

　　執務室の室温管理のために次の取組を実践

　　①実際の室温を確認、②サーキュレーター（扇風機）を活用し室内の空気をかき混ぜる、③ブラインドを上手に利用（ブラインドの羽根は水平にし昼光利用と熱負荷軽減を同時実現）、④室内CO_2濃度の適正管理で外気導入量を削減、⑤湿度管理も併せて行い、湿度が高い場合は室温を低めに管理

　冬季は「実際の室温で20℃」を目安に、それを下回らないよう上手に節電

　　執務室の室温管理のために次の取組を実践

　　①実際の室温を確認、②サーキュレーター（扇風機）を活用し室内の空気をかき混ぜる、③ブラインドを上手に利用（ブラインドの羽根は水平にし昼光利用と熱負荷軽減を同時実現）、④室内CO_2濃度の適正管理で外気導入量を削減（不要な外気取入れは行わない）、⑤気象条件・在室人数等により、暖房を行わなくても室温が20°C以上になる場合は、無駄な暖房を行わない、⑥暖房期でも冷房を行わざるを得ない場合には、外気冷房を検討する。

3 OA機器の省エネモード設定を徹底

　パソコンやプリンタの待機電力の削減や画面の輝度（ディスプレイなどの画面の明るさの度合い）の抑制など、オフィス機器等での通年の取組が可能な省エネ対策を徹底

4 電力の「見える化」で、効果を共有しながら、みんなで実践

　〈「デマンド監視装置」で最大使用電力を把握〉

デマンド監視装置やビルエネルギー管理システムで使用電力と消費電力の大きな設備等を把握。対策効果を把握しながら、事業主・ビルオーナー・テナント・顧客が一体となって、効果的な省エネルギー・ピークカットを実践

5 執務室等の環境に影響を与えず、機器の効率アップで省エネを

エレベータ機械室・電気室の換気停止や温度設定の見直し（30℃以上設定）、フィルターの定期的な清掃などの保守管理の徹底など設備機器の効率的な運転を実施

6 エレベータの停止など効果が小さく負担が大きい取組は、原則的に実施しない

オフィスや駅構内・ホーム等でのエレベータ／エスカレータの使用停止や、通勤時間帯の電車の空調28℃、作業場での空調28℃、道路・歩道照明の夜間消灯、夜間操業や休日変更等への無理な転換、猛暑日での過度な冷房使用の抑制など、労働環境の快適性等を過度に損なう取組は、日常での実施を前提としない

7 電力需給ひっ迫が予告された時に追加実施する取組を事前に計画化

電力需給ひっ迫時には、そのひっ迫の程度に合わせて追加的に取り組む対策を、事前に計画しておく（エレベータ／エスカレータの使用停止など）

家庭向け『賢い節電』7か条

1 夏は、冷蔵庫の庫内温度設定「中」を徹底

一回の設定変更で、継続的に省エネ・節電できる対策をしっかり実践

2 テレビの省エネモード設定を徹底

テレビの省エネモード設定や輝度を下げる設定にするなど、一回の設定変更で、継続的に省エネ・節電できる対策をしっかり実践

3 白熱電球は、LED電球や電球形蛍光灯へ交換

　　　　一回の交換で継続的に省エネ・節電できる対策をしっかり実践

4　「実際の室温で28℃」を目安に、それを上回らないよう、エアコンや扇風機などを上手に使う

　　　このために次の取組を実践

　　　①フィルターをこまめに掃除する、②扇風機で室内の空気をかき回す、③すだれや緑のカーテンで日射を遮る、④室外機のまわりにものを置かない、⑤室外機への日射を遮るために、すだれで日陰をつくる、⑥除湿運転や頻繁なオン・オフを行わない（「30分程度の外出」であればエアコンはつけたままにして消さない。）

5　猛暑日にはエアコン使用の過度な抑制を行わない

　　　熱中症に注意し、猛暑日に健康を損なうような節電をしない

6　家電製品等のこまめな省エネを実践

　　　不要な時はテレビを消す、日中は照明を消して夜間の点灯も最小限にする、使用していない家電製品のプラグはコンセントから抜く、節水する、冷蔵庫の扉を開ける時間をできるだけ減らし食品を詰め込まないようにする、紙パック式掃除機はこまめにパックを交換するなど

7　消費電力の大きい家電製品は、平日14時前後での使用を控える。電力需給ひっ迫が予告された時には、特に、使用を控える

　　　IHクッキングヒーター、電子レンジ、電気ポット、アイロン、浴室乾燥機、洗濯乾燥機など、特に消費電力の大きい家電製品について、平日の14時前後での使用を控える。電子レンジ使用時にはエアコンを切るなど、消費電力の大きい家電製品の同時使用を避ける

など

（東京都環境局ホームページ・気候変動対策に関するwebサイトより、https://www.kankyo.metro.tokyo.jp/climate/）

〔2〕削減への取り組みと挑戦

季節変化に応じた温度環境

　東京では、夏季に日中の屋外最高気温が30℃を超えることは近年常態化し、35℃を超えることもしばしばである。日中の展示室内の温度を20℃に設定したとするとその差は15℃にも達し、入館者の体感に著しい影響を与え、入館後は寒さを感じさせる。また、空調空気の吹き出し口や窓ガラスには、温度差から結露が生じる可能性が高くなる。従来夏季の温湿度は22℃、55%を基準として運用するのが一般的であったが、近年はその運用を変更する必要に迫られている。

　たとえば、真夏にエントランスホールを囲む天井高のガラス面の外側に結露が繰り返し発生しやすくなったため、ガラス面が曇ってしまって外観が損なわれる事態がしばしば見られる。その場合には、温度を上昇させて外気温との差をわずかに小さくし、結露を防ぐための対策とする。また、展示室内で寒さを感じるといった来館者からの意見も多く聞かれる傾向にあり、わずかに展示室の温度を上昇させる対応も必要になってきている。

　東京国立博物館では夏季の温度設定として、次のような取り組みをして使用エネルギーの削減を図っている。法隆寺宝物館の環境的な区域は、エントランスおよび食堂周りなど来館者へのサービススペースの内側に展示室区域があり、その更に内側に収蔵庫が位置している。温度を上げる順序は、外側の区画から順次上げながら内側へと進めていき、収蔵庫内の変更を最終的に行う。7月中にエントランスおよび食堂周りの温度を2週間かけて26℃まで、展示室内を4週間かけて24℃までそれぞれ上昇させる。9月下旬には逆の手順で各区域を下げはじめ、10月下旬には全体を22℃に戻した。24時間運転を実施している施設であることから、設定の変更でわずかでも空調負荷が小さく

なれば、その分のエネルギー削減の効果が出やすい。

展示室の環境条件と合意形成

　海外、特に欧米から貸与を受ける作品は、20℃±2℃、50%–55%の展示条件を指示されることがしばしばである。従来の貸与館および借用館の関係では展示条件は絶対的なものであり、借用館は先方の意向を最大限尊重して環境の制御に努力してきた。しかし、外気温の最高値が35℃を超える夏季開催の特別展では外気温と展示室内とに大きな温度差が生じるため、従来の条件を遵守することは、先に述べたように入館者にとって過酷な環境を強いることになるだけではなく、施設内に結露を発生させる原因ともなり得る。また、夏季に室内温度を過度に下げすぎるのは、エネルギー使用量の抑制の面からも避けなければならない。

　これまでの考え方では、文化財資料の保全は社会情勢の動向とは特に連関させないようにするのが常であった。東京国立博物館の例で見れば、最近、こうした状況に対して貸与館と事前に十分な協議を行い、資料は別格なものとして特別に扱う対象ではあるが、現実とのギャップは埋めなければならない。東京の気象条件を十分に説明し、相対湿度に関しては展示条件をそのまま受け入れ、温度については貸与館が東京の環境にある程度即した条件に理解を示す事例が出てきている。貸与条件は通常20℃±2℃であるが、夏季の展示時期については室内温度の上限を24℃までとする合意が成立した例がある。こうした現実的な面を重視した合意形成による環境条件の設定は、今後ますます必要となるだろう。

空調運転の最適化

　東京国立博物館平成館の収蔵庫は、空調が一時的に停止した場合でも、庫内の温湿度は比較的長期間にわたって安定した状態を保つよう

に設計されている。収蔵庫は調湿性能の高い内装材が豊富に使用され、断熱性と気密性を担保するエアースペースを備えた二重構造、入り口の開閉の際に外からの影響を小さくするための前室など、日較差を抑制できる設備が整っている。

　二重構造をもった収蔵庫は、外側の空気層と内側の収蔵スペースとは別々の空調系統で制御されている。日較差が小さい環境を保ちつつ長期間の安定を得るため、かつ省エネルギーを目指す観点から、庫内の空調運転だけではなく、エアースペースと前室の空調運転についても検討して、より効果的な空調を探る必要がある。エアースペース内の空調は庫内の温度を安定させるためには役立つが、相対湿度調節への寄与は比較的小さい。一方、収蔵庫入り口前に備えられた前室の環境が庫内の温湿度に与える影響は小さくない。庫内、エアースペース、前室の運転の最適化により、庫内環境の安定を維持しつつ省エネを図れるよう十分な検討と実験に基づいた判断を行うことが大切である。

太陽光エネルギーと展示照明

　展示室内の照明、特に作品の照明に人口照明を用いることは、現代の博物館施設における照明設計の大前提である。そのため、展示室内から自然光は排除され、もっぱら電気照明器具による展示が行われている。自然光は紫外線を含むだけではなく、照度、色温度、照射角度等が刻々と変化するため、安全かつ安定した光源として利用するには技術的な障壁が高く、過去に行われたさまざまな取り組みも長期にわたる信頼性をもつ設備として定着していない。

　しかしながら積極的な自然光の利用は社会全体の今日的課題であり、博物館施設においてもその点を十分に考慮した活動を展開しなければならない時代が到来している。自然光をそのままの形態で扱うことには多くの困難が伴うならば、電気エネルギーに変換してそれを照明器具の電力として用いれば、先に上げた種々の問題は解決する。照明に

費やすエネルギーはどちらの形態でも等価と見なせ、自然光による照明を行っているのと同じである。

　さらに、このところ急激に質的な改良が進んでいるLED照明器具をあわせて用いるならば、消費電力が抑えられ、太陽光発電パネルとの組み合わせによる照明設備がより現実味を帯びたものとなる。LED光源を用い、展示室で使用する照明の電力は全て太陽電池が生み出す電力で賄うことができるようになれば、自然光エネルギーを用いて環境に配慮し、かつ資料にとって安全な光源を使用した新しい概念の「自然光照明」を創出することにつながる。

世界の動向

　2008（平成20）年、英国に本部を置く「国際文化財保存学会」（IIC）において「Climate change and museum collections」と題して、気候変動による文化財資料への影響についてはじめて本格的な議論が行われた。これまで比較的洪水が少なかった英国でも最近は頻度が高まり、資料への影響も増大している現実を反映したものと考えられる。

　国際的な傾向として水害は確実に増加している状況であり、それに伴う危機管理を確実に行うための新たな体制を築く必要がある。また、二酸化炭素排出量の抑制に関して、博物館施設の温湿度管理の在り方についても検討がはじまっている。従来から許容されている温湿度の変動幅をさらに広げることによって、それにかかる空調の負担を軽減して排出量を抑制しようとする考え方である。温湿度の許容範囲が大幅に広がる可能性があり、それに伴って海外の博物館から資料を借用する際の環境条件も緩和され、資料を移動させやすい状況が生まれることになる。しかしながら、現状ではまだ多くの博物館専門家はこうした考えに慎重な態度を示しており、今は議論を深めていく段階である。

第 2 節　自然災害への対応

〔1〕文化財レスキュー

阪神淡路大震災から東日本大震災へ

　1995（平成 7）年 1 月 17 日に発生した阪神淡路大震災の経験によって、わが国ではじめて文化財レスキューという言葉と概念が生まれた。文化財レスキュー活動とは、被災した博物館や神社、あるいは個人宅など、貴重な文化財資料を多数収蔵する施設に専門家が赴き、資料をより安全な場所に移動、また必要な処置を施してそれらの保全

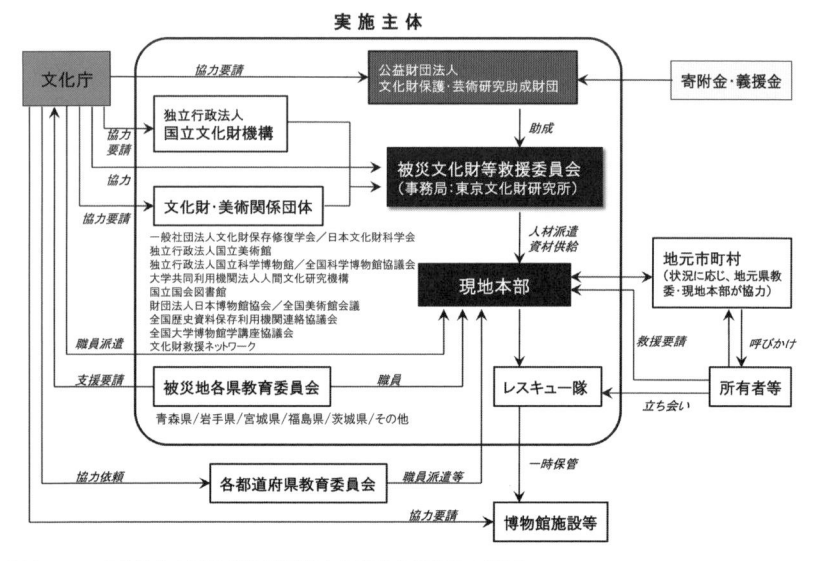

図表 6-3　東北地方太平洋沖地震被災文化財等救援事業の概要
　　　　　出典：文化庁報道発表「東北地方太平洋沖地震被災文化財等救援事業（文化財レスキュー事業）について」（2011 年 3 月 31 日）

を図ることである。文化庁の呼び掛けに応じた大学や国立機関の研究者、民間の保存修復技術者、そして両者が参加する学会が中心となって文化財レスキュー委員会が発足し、事務局が東京国立文化財研究所（名称は当時）に置かれた。

その後レスキュー活動が実施されたが、それが一段落すると、学会が中心となって研究会やシンポジウムが開催され、さまざまな角度から検討と検証がなされた。また、文化財防災ウィール（Emergency Response and Salvage Wheel、被災したさまざまな資料に対する初期(ファースト)対応(エイド)が円盤状に示されたマニュアル）の日本語版の作成などもこの時期に行われた。

2004（平成16）年10月23日に発生した新潟県中越地震の後にも、同様に各種の活動が展開されたが、こうした地道な活動の蓄積が、2011（平成23）年3月11日に発生した東日本大震災に際してより大規模な文化財レスキュー委員会の結成とその活動を支える大きな原動力になった。

東北地方太平洋沖地震被災文化財等救援事業

東日本大震災発生から約3週間を経た2011（平成23）年3月31日に、文化庁は「東北地方太平洋沖地震被災文化財等救援事業（文化財レスキュー事業）」の実施要項を定めた。それを受けて、同年4月初旬に「東北地方太平洋沖地震被災文化財等救援委員会」（以下レスキュー委員会）が発足し、東京文化財研究所に本部事務局が設置された。委員会参加団体は救援を必要とする場所に速やかな支援を行うため、本部から提供される情報に基づいて人員の派遣や資材の提供を行うこととした。委員会として正式な支援を行うためには、現地の県教育委員会から文化庁宛に支援要請が提出される必要があり、委員会は被災県に現地本部を設置し、レスキュー委員会本部事務局と現地本部および県教育委員会が連携しながら支援にあたることを想定した。

実際には、宮城県においてはほぼ想定通りの体制を組むことができ、被災した多くの施設にレスキューに必要な人員の派遣を実施することができた。岩手県においては現地本部の設置は行わず、東京国立博物館が岩手県立博物館および岩手県教育委員会と連携して現地の状況把握と被災資料の保存処置を検討し、それを本部事務局と共有しながら必要な支援は県教委を通じて行うという形態とした。福島県においては原子力発電所の事故が県内被災地への立ち入りを著しく困難なものとしたため、レスキュー委員会本部事務局は現地教育委員会を通じて現地の状況把握に努め、現地入りが可能になった段階で活動が行えるよう体制を整えてきた。

東北3県における文化財レスキュー

　2011（平成23）年4月に文化財レスキュー委員会が設置されて以降、レスキュー委員会が活動を実施した主たる地域は宮城県であった。中でも、石巻文化センターにおけるレスキュー活動に多くの要員を割いた。それは、収蔵品件数が十数万点と大きいことが理由の一つであるが、製紙工場から流れ出した瓦礫とともにセンター内に流れ込んだ大量の原紙の撤去に多くの時間を費やしたためである。また同年の7月から実施された東松島市野蒜（のびる）地区埋蔵文化財収蔵庫のレスキュー作業は、気温の上昇とともに作業環境が悪化し、熱中症の危険性、ガラス片などでの怪我による破傷風の危険性、絶えずたち込める悪臭等、極めて危険かつ劣悪な環境での作業を強いられた。このような過酷な現場もあったが活動は地道に続けられ、2011年末までにレスキュー委員会が宮城県内の約60か所で、またNPO法人である宮城歴史資料保全ネットワークが同委員会の構成員として個人所蔵の歴史資料を対象に約60か所でそれぞれレスキュー活動を実施し、あわせて約120か所の文化財資料をレスキューすることができた。

　岩手県では、2011年4月に入ると県内の博物館関係者が中心とな

り陸前高田市において本格的なレスキュー活動が開始された。被災状況を確認の上、市立図書館保管の県指定文化財「吉田家文書」、海と貝のミュージアム、市立博物館、埋蔵文化財整理室の順でレスキューを行い、同年6月下旬には作業の大半を終えることができた。岩手県立博物館等県内の関係機関、学会、研究機関、大学、自衛隊の協力の下、4施設から約31万点をレスキューし、旧生出(おいで)小学校(現陸前高田市立博物館)に約20万点、岩手県立博物館に約10万点、他機関に約1万点を一時保管した。

　福島県下のレスキュー活動は、放射能汚染レベルが明らかになった2012(平成24)年夏に本格的にはじまった。警戒区域および警戒区域外における放射能レベルに対する正確な把握ができるようになった同年8月から10月にかけて、県教育委員会、現地教育委員会、福島県立博物館、国立文化財機構が中心となって警戒区域の双葉町、富岡町、大熊町で12回のレスキューを実施。空間放射線量および資料の放射線量を測定しつつ作業が進められた。双葉町2割、大熊町4割、富岡町10割にあたる資料を、相馬市にある旧相馬女子高校に搬入、保管した。作業にあたっては、「資料の持ち出し基準となる放射線量は1300cpmとし、それ以上の資料は持ち出さない」「警戒区域内での作業時間は5時間以内を目安とする」「積算線量が1日あたり1mSvを超えないようにする」などの厳密なマニュアルを事前に用意し、手順や注意事項を順守して行った。当面の役目を終えたレスキュー委員会に替わり、2013(平成25)年には福島県内被災文化財等救援事業が立ち上がり、福島県と独立行政法人国立文化財機構とが連携して文化財レスキュー活動を継続している。

MLAの寄与

　東日本大震災に際しては、まだまだ多くの問題点が存在するとはいえ、阪神淡路大震災の時よりも迅速、効果的そして広範囲な文化

財資料保護にかかわる支援が展開されたことは間違いない。それを支えたのは、阪神淡路大震災をはじめとして、その後に発生した地震災害に際しての活動によって得られた経験、極めて広範な分野にわたる団体・組織からの支援、そして大規模になった活動資金である。中でも博物館・美術館（M:Museum）、図書館（L:Library）、公文書館（A:Archive）から参加した専門家たちの寄与が重要な役割を果たしたと考えている。阪神淡路大震災の当時はさほど大きくなかったこれら団体の寄与が、今回の活動を支えるまでに成長した。さらに、レスキュー後の一時保管環境の整備、海水などで汚染された資料の脱塩を主とする安定化処理、そして本格修理へと、資料の状態に応じた段階的な処置方法が導入されたことは画期的なことといってよい。

〔2〕被災資料の安定化

レスキュー後の保管環境の整備

　レスキューされた資料の保管について、岩手県陸前高田市で行われた事例を元に、考え方、実施の手順などについて示してみたい。

　被災した陸前高田市立博物館、海と貝のミュージアム、埋蔵文化財収蔵庫からレスキューされた資料は、2011（平成23）年3月末をもって閉校予定であった旧生出小学校に搬入された。被災資料を保管する場所の確保は容易なことではなく、比較的交通の便がよく、かつ安全な場所に閉校となった小学校が存在したことは恵まれた状況である。海水や汚泥、その後に発生した黴などで汚染された資料を収蔵庫や展示室などの博物館施設に直接持ち込むことは、汚染の拡大が懸念されることから敬遠されることが多い。そうした反応は決して過敏なものではなく、間違ってはいない。したがって、平常時からこうした保管施設に対する有事の際の想定や確保がなされていることが大切で

ある。もっとも、旧生出小学校の場合もすぐに見つかったわけではなく、紆余曲折を経て最終的に一時保管場所として落ち着くことができた。

　2階建ての旧生出小学校の校舎には、足の踏み場もないほどのさまざまな種類の資料が搬入され、当初体育館にも同様に大量の民具が救援物資と一緒に保管された。気温が上昇する6月頃から校内には黴臭がたち込め、文書や雑誌、木製民具には大量の黴が発生した。また、鉄製の金属製品には赤錆が発生し、表面全体を覆う状態となった。館内の作業環境と保管環境を改善するために、黴やバクテリアによって急速な腐朽が進行している大量の紙資料を他所にある冷凍庫に搬送して一時保管し、ゆとりのできた空間を除菌清掃した後に、スチール棚を設置して資料を整理した。こうした作業を繰り返しながら、各部屋の除菌と整理・清掃を実施した。最終的に黴の発生が懸念される資料や、すでに黴が発生した資料に対しては燻蒸(くんじょう)処置を行い、作業・収納一時保管環境の整備を終えた。冷凍庫に保管された紙資料は、保管環境の整備以後に本格化する安定化処理にあわせ、必要量が再度冷凍庫から現地に運び出され、脱塩・洗浄が実施されることになる。

　津波による海水で被災した紙資料は塩分のために乾燥しにくく、そのため気温などの条件が整うと黴やバクテリアなどの繁殖が進み、それによって紙の腐敗が進行する。クリーニングなどの処置が追いつかない時には、とりあえず資料を冷凍保管することで繁殖を止めることができ、紙の劣化を抑制できる。また、冷凍庫に一部の資料を保管することでできる空きスペースを確保することで、保管施設内の整理を進めやすくなる。このように、被災した資料に対する冷凍庫の利用には高い効用が期待できる。

　なお、海水に浸かった資料を濡れたまま燻蒸すると、海水中に含まれる塩化ナトリウムと燻蒸に用いる酸化プロピレンや酸化エチレンが反応して、エチレンクロロヒドリンなどのような毒性の強い発がん

性物質が生成される危険性があるとの指摘（2011年7月22日にレスキュー委員会が発信した「海水で濡れた資料を殺菌燻蒸することによる発がん性物質発生のリスクについて」）もあるため、作業を進める際には十分な注意が必要である。

資料の安定化処理

　東日本大震災では津波によって深刻な資料の汚損が生じたが、大雨などの洪水によっても汚泥による汚損が生じる。汚損被害を受けたら、致命的な損傷につながらないようにできるだけ早く劣化を抑制する必要がある。冷凍庫に一時保管して劣化の進行を止める、あるいは精製水で洗浄して原因物質を除去するなど、劣化の抑制を目的とした初期的な処置を安定化処理という。安定化処理を施した上で、必要と判断された資料は本格修理へと処置が進められる。本格修理では変形した形状の回復、破断あるいは切断箇所の固定、表面のクリーニングなど、安定化処理が施された資料に対して十分な時間をかけて処置を施す。

　安定化処理は、その時々の災害の状況に応じて処理の内容が決まる。資料の劣化要因には、1）地震による倒壊、転倒による破損、海水に浸かった資料が急速に乾燥することによって生じる変形や亀裂の発生などの物理学的劣化、2）黴の発生と繁殖による資料汚損および腐朽の進行などの生物学的劣化、3）塩分の潮解による再吸湿および黴の再発生などの化学的劣化があり、これらの要因を除菌→脱塩→乾燥→

資料の劣化現象	要因	劣化区分
転倒等による破損	地震・津波	物理学的劣化
急激な環境変化に伴う資料変形	津波	
（海）水損によるカビの発生	津波	生物学的劣化
海水含有物質（塩化物をはじめとする有機および無機化学物質）による変質	津波	化学的劣化

図表6-4　レスキュー資料の劣化現象と劣化要因（作成：赤沼英男）

経過観察の工程で除去する必要がある。

　陸前高田市では2011（平成23）年5月中旬から安定化処理が開始され、2013（平成25）年9月現在で約9万点の処理を終えた。今後は残り22万点について安定化処理を行っていくことになるが、海水損の資料に対する安定化処理は未確立の部分が多く、当分の間は試行錯誤の状態が続くことが予想される。岩手県立博物館が実施したレスキュー活動の流れを示した図表6-5の通り、海水によってもたらされた塩類およびヘドロの除去が大きな課題であると同時に、資料に生じた腐敗によってもたらされた表面のぬるぬる感や臭いの除去が重要な作業内容となる。特に、腐敗の進行はすぐに止める必要があることから、殺菌・消毒液として次亜塩素酸ソーダ（sodium hypochlorite、NaClO）原液を400倍程度に水で希釈した400ppm前後の濃度の溶液に数分間浸ける処理を実施している。様子を見ながら途中の工程で再度次亜塩素酸ソーダに浸けることもある。次亜塩素酸ソーダの使用上の問題点は、資料に対する漂白作用である。経年によって形成された表面の色合いが除去されてしまうことがあるので、その点については慎重な判断を伴って使用を決定する必要がある。洗浄による塩類の除去については、最終的に水道水と同程度の塩分濃度になるまで続ける

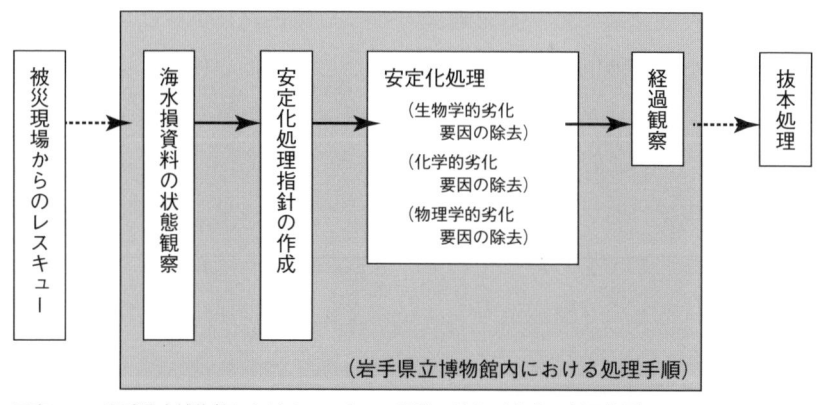

図表6-5　岩手県立博物館におけるレスキュー活動の流れ（作成：赤沼英男）

ことを原則として作業を行った。

　現在も、岩手県立博物館、陸前高田市立博物館などにおいて安定化処理の作業は続けられている。

〔3〕危機管理

危機に立つ文化遺産の保全対策

　従来の文化遺産に対する保存学は、どちらかといえば安定的な保存公開環境や社会構造の中で生じる劣化現象を抑制することを目的として発展してきたため、基本的には危機的な環境下において発生する新たな課題に対する機能は十分ではない。

　地球温暖化に伴う自然環境の変動、地震活動の活発化、グローバリズムの展開など、自然と社会における地球規模の環境変化は、文化遺産の保存・公開・継承に対して危機的な状況をもたらしつつある。具体的には、自然災害の多発によってもたらされる文化遺産の破壊と喪失、エネルギー使用量の抑制策が求める発想の転換に対する対応の遅れ、地球規模で拡大する展覧会によるグローバル輸送の劇的増加と危険性の増大、地域性の急激な均質化による伝統の劣化がもたらす伝統美の喪失、近未来に対する認識が欠如した保存教育がもたらす危機対応の遅れなどが原因となり、その結果としてもたらされる劣化、変質、喪失など、文化遺産の保全に関する危機は想像を超えて大きなものである。

　しかし現状においてそれらは極めて断片的かつ限定的な現れ方であるため、専門家ですら顕在化が進む危機に対する認識は低く、具体的な対応策はもとより研究例も少ない。文化遺産の保全に対する危機管理という新しい見地に立って、その対応策を探求し、確立することが必要である。

資料保存専門家の配置

　東日本大震災で大きな被害を受けた東北3県の岩手県立博物館、東北歴史博物館（宮城県）、福島県立博物館には資料保存専門家が常勤職として勤務し、日常業務として資料保存に関する業務が行われている。こうした機関が蓄積してきた資材、人材、そして具体的な技術などの保存のために必要なさまざまな情報は、非常時において大いに役立っている。

　レスキュー委員会など、外部の救援団体による支援が本格化する以前から、彼らによる適切な指示や処置が現地主導のレスキュー活動を導き、またレスキュー後の一時保管や安定化処理に際しても彼らの存在がその後の作業を効果的なものにしている。資料保存専門家を県立博物館レベルの機関に常勤で配置することは、日常、非日常を問わず資料保全に絶対的な効果をもたらすものであることが、あらためて実証されたわけである。

レスキューのための常設組織

　文化財レスキューの現場は非日常的な環境である。レスキュー現場に文化財資料の扱いに長けた博物館関係者がいなくてはならないとしても、全ての作業を彼らが担うことには限界がある。特に大量かつ重量のある瓦礫の撤去を、全てスコップと一輪車だけで行うことは逆に危険ですらある。東日本大震災後の岩手県下では、レスキュー現場に散乱する大量の瓦礫が自衛隊の好意により隊員の手で撤去されている。これは偶然の産物であるにせよ、今後起こり得る大型の災害現場におけるレスキューを考えた場合、このような災害の専門家集団との協力がより効果的なレスキューを実現すると考える。さらに、レスキュー活動における怪我や病気などの危険性を排除するためにも、専門家集団との共同作業を実現する必要がある。

　今日、地球温暖化などによる気候変動が日本各地にさまざまな形で

災害をもたらしている。特に、大雨による洪水、土砂崩れが頻発している。また、海底に震源域をもつ大型の地震の発生と津波の襲来の確率もかなりの高さで予測されている。文化財レスキューを必要とする災害は決して珍しいものではなく、むしろ頻発するようになっている。世界銀行の研究チームによれば、このまま温暖化が進むと2050年までには洪水や高潮などの水害による被害が、年間約100兆円を超す恐れがあるとしている（イギリスの科学誌『Nature Climate Change』2013年8月18日付の記事より）。

　元々文化財資料が保管される場所は、地域内において比較的安全な場所であることが多いが、そのような場所すらも常に注意をしなければならない状況へと環境が変化していると考えるべきである。

　これによって、文化財レスキューの機会が頻発することになり、それに対応する組織の常態化の必要性を意味する。国立文化財機構、全国美術館会議や日本博物館協会など、多数の団体が一体となって支えたレスキュー委員会は、今後検討すべき常態的な組織の基本的なモデルとなると考える。国立博物館や国立美術館がこうした組織の構築に果たす役割と期待は大きい。組織の常態化は緊急時における活動資金を恒常的に用意することにつながり、その結果として緊急時の活動が迅速かつ円滑に行われるようになる。レスキュー活動を担う組織が常態化していない現在、こうした資金を用意することは困難であり、したがって、資金の裏打ちができるまで活動が本格化しにくいという事態が今回の震災においても生じている。

　そのような中、2013（平成25）年現在ブルーシールド国内委員会の結成が検討されている。ブルーシールドとは、武力紛争に際して、攻撃を差し控えるべき文化遺産を示すために、「武力紛争の際の文化財の保護に関する条約」（ハーグ条約、1954〔昭和29〕年）で指定された標章の通称であり、青色と白色からなる盾の形をしている。また、武力紛争だけでなく、自然災害も含めた災害から文化遺産を保護する

ために設立された「ブルーシールド国際委員会」（ICBS：International Committee of the Blue Shield）の名称でもある。ブルーシールド国際委員会は、文化財保護に関する五つの非政府組織（国際図書館連盟［IFLA］、国際文書館評議会［ICA］、国際博物館会議［ICOM］、国際記念物遺跡会議［ICOMOS］、視聴覚アーカイヴ組織調整協議会［CCAAA］）で構成されている。レスキュー委員会を構成する組織には、上記5団体の内少なくとも4団体にかかわる主要機関が既に参画しており、ブルーシールド国内委員会の結成を検討することは、まさしく時宜に適っている。国内委員会の創設はレスキュー委員会の常態化および自衛隊や医師団など専門家団体との共同作業について本格的な検討を可能にするものであり、今後の文化財レスキューにとって必要な方策である。

安定化処理の統一

　東日本大震災後のレスキューでは、安定化処理に対する理解がさまざまであり、用語の使い方をはじめとして統一が図れたとはいいがたい。特に問題となる点は、本節の〔2〕でも触れた通り海水を被った資料に残留する塩分に対する処置である。その処方に関して現状では、安定化処理を行う組織により内容がまちまちであるため、その内容次第で保管方法やその後の本格修理の方法への対処が大きく異なってしまう。一方において、安定化処理を行ってから本格修理へと作業が進むという考え方は今回はじめて明確にされた事柄であり、レスキューの作業内容がよりきめ細かな段階を経るという意味で、一歩前進したといえる。

　いずれにせよ、今後の文化財レスキューをより有効なものとするために、安定化処理の処方全般に関する統一を図ることが大切である。

第3節　環境と調和する資料保存

〔1〕エコロジー的な観点

古民家の保全と利用

　埼玉県所沢市にある「柳瀬荘」は、実業家で茶人でもあった松永安左エ門（耳庵、1875-1971）の別荘として1930年頃建てられた。東京国立博物館は1948（昭和23）年3月に松永氏から寄贈を受け、以来博物館の一部として管理している。

　この柳瀬荘の母屋「黄林閣」は、江戸時代に建てられた庄屋の屋敷を移築したもので、重要文化財に指定されている茅葺きの建築物である。このような古民家、特に茅葺き屋根の管理には決定的な方法はな

図表6-6　黄林閣の燻煙作業風景

く、茅葺きの傷み具合にあわせて葺き替えをすることが最も現実的な方法とされ、いわゆる本格修理の実施まで効果的な手立てを講じることができないままであった。

　元々茅葺き屋根の管理は、日々使われる竈(かまど)の煙が屋根裏を燻(いぶ)し茅の中に虫が棲めなくすることで成り立っている。燻煙を長く行わない状態では茅の中に虫が発生し、その虫を狙って鳥が茅を啄(ついば)むために茅葺き屋根に雨水の通り道ができ、そこから侵入した雨水が屋根の劣化を生むことになる。世の中の生活様式の変化もあるが、黄林閣の場合は、生活の場でなくなり文化財資料となったことが、茅葺きの建築を壊すことにつながっているのである。

　そこで、年3回の燻煙作業を行うことで茅葺きの劣化を少しでも防止することにした。敷地内の雑木の枯れ枝や剪定した枝から薪(まき)をつくり、土間の竈で燃やして大量の煙を出す取り組みをはじめた（図表6-6）。火災と勘違いされないように、作業の度に近くの消防署には事前に連絡を入れている。これまで竈で火を燃やしたことのない職員たちも回を追うごとに次第に慣れ、安心して火の取り扱いを任せられるようになっている。

　この取り組みには、もう一つの狙いがある。それは日頃この場所を訪れることのない職員に、竈の煙が茅葺き屋根の煙出し口から立ち上る様子とともに、建物全体や竹林などの周りの景色を見てもらい、茅葺き屋根の黄林閣の在りし日の姿を想像してもらうことである。こうした取り組みの中から、いずれ博物館として意味ある有効な利用法が提案されることを期待している。

　ここまでの取り組みは予防保存であるが、実際に修理が必要になった場合の対応についても、自然との共生や地域住民との協働によって行われる茅の葺き替え作業のような独特の営みを取り入れながら、適切に考えていけるようにしたいものである。

伝統と技術

　日本では古くから、都市と奥山をつなぐ里山において生物の多様性を尊重し、確保しながら、そこから恵みを得る持続可能なシステムをつくってきた。茅葺きに使う茅は、まさに里山システムの中で茅場として守られてきた場所から収穫して、屋根裏に保管されてきた。茅場も茅葺き屋根もほとんどが失われようとしている現在、それをいかにして維持するか考え、そして有効な対策を実行していかなければならない。

　柳田國男が著した『遠野物語』は、里山生活が生んだ自然と人間のかかわり方を今に伝えている。その舞台となった岩手県遠野市では、高等職業訓練校の「かやぶき科」で茅葺き技術の指導が行われている。里山と人の暮らしのかかわりを現代に生かすためにも、茅葺き技術の存続は必要である。しかし今は実地訓練の場となる現場が少ないために、一人前の職人を育てるのに時間が掛かる状況であるという。一方、文化財資料として管理される黄林閣の例でもわかるように、茅葺き屋根の日常的な修繕と葺き替えを確実に実施できる体制を確立する必要がある。つまり、建物の対症修理、応急修理、本格修理である。燻煙のように、かつての生活様式を利用して現代に生かすような方法があれば、それが保存の仕組みとして最も相応しい。

　一つの考え方として、屋根の小規模修繕が必要になれば、職業訓練校などの協力を得て修理を行い、そのことが技術的研鑽のための現場提供になる。そして、いずれは必ず行わなければならない葺き替えのために、茅の用意を計画的に行う。こうした活動を社会に公開しながら、古民家からはじまる小さな循環を構築していくことができれば、里山の生物多様性、生活様式、伝統技術などが具体的に理解できる生きた教材となる。

　この他にも、日本の伝統を支えてきた和紙、漆あるいは絹は、里山において製造・生産される。いずれの材料も国産品は高品質ではある

が高価であり多くの需要が望めないため、供給自体が細くなり途絶えてしまう危険性すら孕んでいる。寺社の建築工事でも安価な中国製の漆が使用され、高価な国産は敬遠されるという。そうした中で、漆の生産地として有名な岩手県二戸市浄法寺町では民間と行政が連携して漆の植栽や管理を進め、伝統と生産の保全に取り組んでいる。本来、文化財資料の修理材料には高品質な素材が必須であることから、その質を保つあらゆる国内伝統産業の存亡は、それそのものが文化財資料修理の在り方を左右する重大な問題である。

くらしの植物苑

　千葉県佐倉市にある国立歴史民俗博物館は、日本の歴史・文化の流れの中からテーマを選び、生活史に視点を絞った展示を行っている。常設の展示室には、原始・古代から現在までの暮らしと文化が紹介され、それらに混じって生活や文化を支える道具や原材料なども展示されている。

　人間は古来、植物、動物、海産物などの自然界の資源を有効に利用して原材料を得たり、それを用いて道具をつくったりしてきたが、現在の博物館などではどの植物資源から何がつくられるのかといった具体的な対応関係については、ほとんど解説されないまま展示されることが多い。そこで、国立歴史民俗博物館では人間の暮らしと植物の関係を具体的に示すことを目的に「くらしの植物苑」が設置された。

　植物苑の中心部は町屋（古民家をイメージした展示スペースや休憩所）、その周辺には田畑が広がり、そして里山に至って、一番奥に奥山が位置するような日本の自然景観と暮らしをイメージして植物は配置されている。それは、植物を分類学的に配置するのではなく、自然景観に沿った植栽を心がけた結果である。また苑内は「織る・すく」「染める」「治す」「食べる」「塗る・燃やす」「道具をつくる」の六つの区域に分けられており、草花や樹木は用途別にまとまるように

第6章　環境保護と博物館の役割　233

配置されている。それぞれの区域に暮らしと密着した代表的な植物を植え、植物とその利用について解説が加えられた。たとえば、「織る・すく」区域には和紙の原材料となる三椏(みつまた)や楮(こうぞ)を植え、和紙の生産や和紙の利用について解説している。

また、夏になると中心部である町屋エリアでは、町屋の暮らしと変わり朝顔などの植物についての展示が行われたり、年間を通して定期的に各回テーマを設けた観察会が実施されたりしている。くらしの植物苑の展示を通して、博物館本館の歴史展示に対する理解が一層深まるように工夫されている。

[2] エコミュージアム

基本概念

エコミュージアムとはエコロジー（生態学）とミュージアム（博物館）をあわせた造語で、人間の営み、自然景観、そこで育まれた伝統や文化などを対象にした、地域全体で運営される博物館のことである。エコミュージアムの概念は1960年代後半に、フランスの博物館学者ジョルジュ・アンリ・リヴィエール（G. H. Rivière）が提唱した。日本では1986（昭和61）年に新井重三によって紹介されたが、新井はエコミュージアムを「生活・環境博物館」と訳している。建物の中で行われる展示とは違い、地域一帯を博物館の展示と見なし、自然、生活、文化について地域住民も参加しながら保存・活用を目指すことをいう。地域に残る自然や文化的価値、あるいは伝統産業や芸能を見直すことによって、地域住民自らが地域の歴史を理解し、地域全体の保全に参加する。それによって見失いがちな地域の景観、伝統を整備・保存し、そこを訪れる来館者とその価値を共有することによって、地域の発展と活性化も図る。それは、身近にある自然的遺産や文化的遺

産の再発見を促す取り組みである。日本ではまだ発展途上の段階であるが、フランスなどヨーロッパに盛んな国が多い。国内の例としては、山形県朝日町や阿蘇たにびと博物館の取り組みが特に有名である。

いわゆる従来型の観光的な地域開発は、地域が備えた特性を利用しつつも、観光客のニーズがより優先されるため、時には地域の特性が破壊されてしまうケースがある。エコミュージアムは文化的遺産、自然的遺産の保全と活用、そしてそれに基づいた地域の発展を目指しているので、従来の観光一辺倒の開発とは異なる新しい形の観光を目指すことになる。

エコミュージアムでは、面的に分散する展示対象を「サテライト」、それらを紹介する拠点施設を「コア」と呼ぶ。これらは「テリトリー」と呼ばれる区域の中に存在する。コアとサテライトを結ぶさまざまなルートは「ディスカバリートレイル」と呼ばれる。ディスカバリートレイルをたどって歴史、文化、自然生態、産業などのテーマに沿った

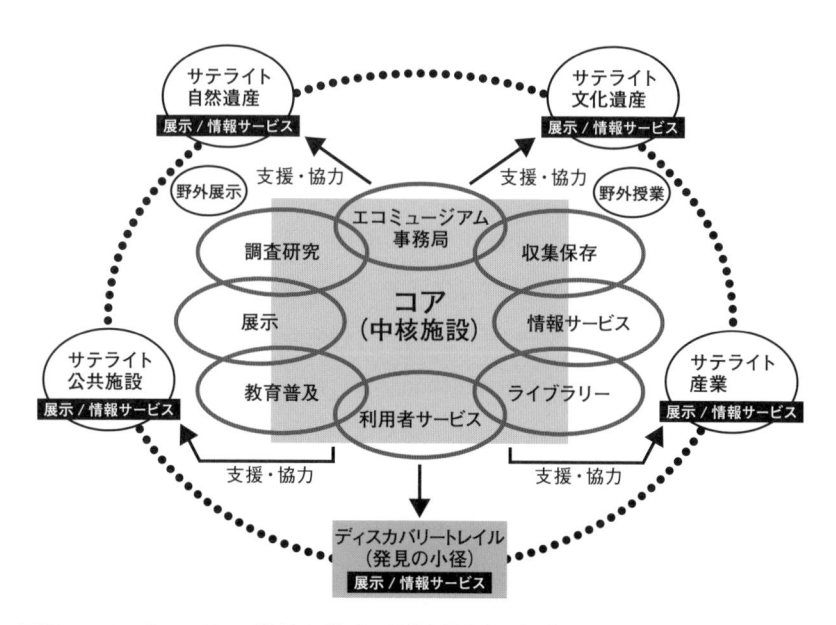

図表 6-7　エコミュージアム概念図（作成：株式会社丹青研究所）

第 6 章　環境保護と博物館の役割　235

サテライトやコアを訪れながらその地域について総合的、多角的に知る、という仕組みである。エコミュージアムには、自然景観を中心としたものから遺跡、産業、農業、生活、信仰などを含め、それぞれの地域の特徴を生かしたさまざまなスタイルがある。

いわゆる博物館では、建物の中に収蔵される資料の保管責任は博物館にあるが、エコミュージアムのテリトリーに分散するコアやサテライトの所有者や管理責任者はそれぞればらばらである場合が多く、これらを統一的に保全するためには所有者、地域住民、民間のNPO団体や財団、民間企業などが協力し合う新たな仕組みづくりが求められる。

以下に、文部科学省が示している「エコミュージアムについて」および「日本におけるエコミュージアムの例」の全文を資料として掲載するので、参照してほしい（http://www.mext.go.jp/b_menu/shingi/chousa/shougai/014/shiryo/07082703/002.htm）。

●エコミュージアムについて

1. エコミュージアムとは

　エコミュージアムとは「ある一定の文化圏を構成する地域の人びとの生活と、その自然、文化および社会環境の発展過程を史的に研究し、それらの遺産を現地において保存、育成、展示することによって、当該地域社会の発展に寄与することを目的とする野外博物館」と定義づけられている。そして、その運営は、住民参加を原則とし、普通の博物館と違って対象とする地域内にコアと呼ぶ中核施設（情報・調査研究センター）と、自然・文化・産業などの遺産を展示するサテライト（アンテナ）、新たな発見を見出す小径（ディスカバリートレイル）などを配置し、来訪者が地域社会をより積極的に理解するシステムで行われている。

　その歴史は意外に新しく、1960年代のフランスで地方文化の再確

認と中央集権排除という思想の中でエコミュージアムは誕生している。その用語は生態学（Ecology）と博物館（Museum）からの造語で、人間と環境との関わりを扱う博物館として考案されたものである。現在、フランス国内には50ケ所を超えるエコミュージアムが設置されているが、スウェーデンやカナダなどにも普及し、我が国では"地域おこし"事業の中で、その考え方を生かした施設の設置と整備が試みられてきている。

（出典「エコミュージアムについて」法政大学教授　馬場憲一）

2. エコミュージアムの定義

1980年1月に、ICOM（国際博物館会議）の元会長であるアンリ・リヴェールによって「エコミュージアムの発展的定義」が作成されている。内容は以下のとおり。

①エコミュージアムは行政と住民が一緒に構想し、運営していくものであり、行政は専門家と施設や資金を、住民は知識と能力を提供しあって作り上げていくものである。

②エコミュージアムは居住する地域の歴史・文化・生活などを理解して住民が自らを認識する場であるとともに、来訪者に自らが生活する地域を理解してもらうための場でもある。

③人間は伝統的社会・産業社会の中でも自然と関わって生活してきており、それを理解する場所がエコミュージアムである。

④エコミュージアムは先史時代から現在に至るまでの時間の流れの中で人々の生活を捉え、未来を展望していくものである。しかし、エコミュージアムは未来を決定する機関ではなく情報と批評的分析の役割を果たすところである。

⑤エコミュージアムは歩いたり、見学することができる恵まれた空間である。

⑥エコミュージアムは外部研究機関と協力しながら地域研究に

貢献し、その分野の専門家を育成する「研究所」である。
⑦エコミュージアムは自然遺産や文化遺産を保護し、活用を支援する「保存機関」である。
⑧エコミュージアムは地域研究や遺産の保護活動に住民の参加を促し、将来、想定される地域の様々な問題に対し理解を深めるための「学校」である。
(出典「エコミュージアムについて」法政大学教授　馬場憲一)

この他に1980年にフランスにおいて策定された「エコミュージアムの組織原則」(エコミュージアム憲章)があり、フランス文化省によって承認されている。

●日本におけるエコミュージアムの例
・山形県朝日町での取組
　山形県朝日町では、エコミュージアムを「新しい生活環境観」と意訳し、町の住民が町の文化や自然、生活に誇りを持ち、生かしながら、楽しく生き生きと暮らせる生活スタイルの確立を目指している。
　キーワードは、「まちは大きな博物館」、「まち全体が博物館、町民すべてが学芸員」であり、エコミュージアムを地域づくり計画の中に位置づけている。
　平成12年には、エコミュージアムのコアセンター「創遊館」(中央公民館、図書館、エコミュージアムルーム(エコミュージアムの普及、研究、展示などを総合的に行う場所)、展示コーナの複合施設)を設置し、産業(ワイン工場等)、自然(山,ブナ原生林等)、文化(遺跡、道等)をサテライトとして位置づけ活動している。
　具体的な事業は、学習会、展示(地域産業の紹介)、イベント等を実施。

・阿蘇たにびと博物館での取組

　阿蘇たにびと博物館は、阿蘇全体を博物館とし、阿蘇に生きる人びとや暮らし、自然との関わりを展示して案内するエコミュージアムである。

　他のエコミュージアムとの違いは、博物館という意識を強く持っており、学芸員が常駐し、「調査研究」「収集保存」「教育普及」の活動を行っている。

　例えば、教育普及事業では、実際の現場を案内する常設展（阿蘇ガイドツアー）、特定のテーマを立てて展示する企画展、そして当該地域に生きる人びとを実際にご紹介する特別展（谷人ツーリズム）の3つの展示活動を行なうほか、友の会の月例会などの講座イベントを開いたり、調査研究報告書兼友の会誌である『谷人』を発行して、谷人たちの暮らしや自然の普及に努めている。また、阿蘇を研究する学生たちの支援も行なっている。

　これらの活動を通して、阿蘇を訪れる人も、訪れられる人も、互いに阿蘇で有意義に過ごせることを目的としている。

山形県朝日町の事例

　先に引用した文部科学省の文章でも紹介されている山形県朝日町の取り組みについて、その概要を更に知るために「あさひまちエコミュージアム」のwebサイトに掲載されている説明を見てみよう。

朝日町の概要：
『朝日町は、山形県の中央部に位置し、磐梯朝日国立公園朝日連峰が町西部にどっしりと控え、町の中心部を母なる最上川がゆっくりと流れています。面積は200平方キロメートル、人口は8600人の中山間地域の自然豊かな町です。最上川の河岸段丘には肥沃な農地が広がり日本一おいしいといわれるりんごの生産地としても有名です。朝日町は、自然だけでなく、国の名勝「大沼の浮島」や国の重要文化財「佐竹家住宅」

などもあり、歴史的にも文化的にも豊かで、非常に魅力のある町です。そんな町で日本初のエコミュージアムが生まれました。』

取り組むきっかけ：
『朝日町でエコミュージアムを取り組むきっかけになったのは、町にある自然を活かし、共生できるような観光地づくりを目指しはじまった1988年の町営の朝日山麓家族旅行村「朝日自然観」の建設でした。自然観は、夏はブナ林の自然を体験するキャンプ場やコテージ村、冬はスキー場として、多くの人々を朝日町に呼び込みました。

　そんな中、町づくりを町だけに任せるのではなく、町民自らも関わり、なにか協力しようという気運が盛り上がり、自然観の目玉に世界でも類をみない「空気神社」の建設になったのです。豊かな自然と空気に感謝するこのモニュメントは、ブナ林の中に、5m四方のステンレス板を鏡に見立てて置いたものです。四季折々の風景がこの鏡に映り、空気への感謝をよりいっそう強く感じさせてくれます。

　この建設に呼応するように、朝日町は「地球に優しい町宣言」を行い、自然環境を大切にしていく町づくりを目指すことになりました。また、全国に先駆けて空気の日を国連環境デーの6月5日にすることを決め、毎年この日に空気に感謝する催しを行っています。こんな動きの中で、エコミュージアムの考え方が町の総合開発基本構想に取り入れられることになったのです。』

エコミュージアムのはじまり：
『朝日町では、このエコミュージアムの考え方を取り入れて、「第三次総合開発基本構想」を作りました。その中で「わが町に住む人々が、それぞれがこの町の文化、自然、生活に誇りを持ち、活かしながら、楽しく活き活きと暮らせる生活スタイルの確立を目指す」と書いています。

　この総合開発基本構想を受けて、1991年に朝日町独自のエコミュー

ジアム基本構想をまとめました。この構想で「エコミュージアムは、朝日町民にとって見学者であると同時に出演者であり、町はまるごと博物館になり、住民は誰でも学芸員になる」と書かれています。町を町民が良く知り、そのことにより、誇りを持って生活できる町づくりを提案しています。

　そのため、町の自然、文化、産業、各々の遺産の中から、大切なものを選び、サテライト、すなわち現地見学場所として取り上げています。』

エコミュージアムルーム：
『朝日町エコミュージアムのインフォメーション「エコミュージアムルーム」は、朝日町エコミュージアムコアセンター「創遊館」内にあります。
　ここでは、サテライト（見学場所）を訪ねたい方の相談にのっています。詳しい情報や資料を求められるほか、エコミュージアムに関する出版物の販売、案内人の手配、宿泊場所のご案内、またエコミュージアムに関するいろいろなもよおしも実施しています。
　また、併設するエコミュージアムコーナーでは、朝日町についての展示や、パソコン「ミューズ・デポ」や「あさひまちの宝箱」で、楽しく朝日町の概要や宝を知ることができます。』

　以上、web サイト「あさひまちエコミュージアム / 朝日町の見学情報データベース！」（http://asahi-ecom.jp/）より引用した。この朝日町の取り組みは、住民の参加を得ながら段階的に成長していくところに特徴がある。地元にある自然景観という大切な資源を元に観光客を呼び込む段階、住民たち自らが自立的に町づくりに参加する段階、地球環境保護に対する世論と呼応した活動の段階、エコミュージアムとしての活動形態を整備する段階、そして地場産業へ注目する段階と、着実な発展を続けている。エコミュージアムは地域全体の自然、歴史、文化、産業、観光を包括的に扱うことができる魅力ある博物館の形態

であり、朝日町の取り組みはその可能性を十分に発揮させている。

　なお、現在の活動の様子やより詳しい情報については先の web サイトなどを参照して欲しい。また、機会があれば一度訪れてみることも、よい体験となるだろう。

[3] ジオパーク

　ジオは地球を表す言葉で、ジオパーク (geopark) とは、重要な自然遺産に親しむためにつくられた公園のことである。地質、森林、湖沼、河川、海岸線、あるいは棚田など人工物も含めた自然遺産とその地域に残る文化遺産とを結びつけ、自然や文化の保全とその教育を促し、同時にその地域におけるツーリズムを盛んにして、地域の発展を目指す仕組み全体のことをいう。日本ジオパーク委員会では「大地の公園」という言葉を使っている。

　2004（平成 16）年に国際連合教育科学文化機関（ユネスコ）の支援によって世界ジオパークネットワーク (Global Geoparks Network、GGN) が発足し、ジオパーク候補地を審査して認証する仕組みができた。ジオパークの発祥はヨーロッパで、ヨーロッパと中国に多くの GGN 加盟ジオパークがある。日本では 2008（平成 20）年に国内認定機関として日本ジオパーク委員会 (JGC) が発足し、JGC が 2008 年に認定した地域が集まって 2009（平成 21）年に日本ジオパークネットワーク (JGN) を設立した。

　ジオパークとして GGN に加盟申請を行うためには、JGN 加盟地域は JGC の審査を受け推薦を受ける必要がある。2013（平成 25）年 10 月現在、洞爺湖有珠山（北海道）、糸魚川（新潟県）、島原半島（長崎県）、山陰海岸（京都府、兵庫県、鳥取県）、隠岐（島根県）、室戸（高知県）の 6 か所が、GGN に加盟を認められ「世界ジオパーク」

となっている。

　ジオパークの取り組みは、地元住民が自然遺産を保全する保全活動 (conservation)、自然遺産を教育に役立てる教育活動 (education)、自然遺産を楽しむ環境づくりを通じて地域経済の持続的な活性化を図るジオツーリズム (geotourism) に要約される。ジオパーク内のビジターセンターや博物館などにガイドマップやガイドブックが用意されているので、ジオパークの見どころを自分で調べて見て回ることもできるが、ガイドつきのツアーが用意されているところもある。

　一例として長崎県島原半島ジオパークを紹介する。

　(以下、日本ジオパークネットワークのwebサイトからの抜粋。http://www.geopark.jp/geopark/shimabara/)

　島原半島ジオパークは日本の西端、九州の長崎県南部に位置しています。雲仙火山を中心とした三市（島原・雲仙・南島原）の行政区域全てがジオパークの認定を受けています。本地域の特徴は、雲仙火山による火山地形や、千々石断層などのダイナミックな断層地形をはじめとした地質的多様性を持つ点でありますが、加えて2つの大きな火山災害を経験した地域でもあります。「島原大変肥後迷惑」「雲仙・普賢岳噴火災害」と呼ばれるこれらの災害では、この地域に甚大な被害を与えましたが、現在地域には15万人の人口があり、火山とともに暮らしています。また、雲仙普賢岳は平成噴火(1990-1995)の際、溶岩ドームの生成過程など噴火の一部始終が科学的に詳細に観察された初めての火山であることでも知られています。また、原城に代表される「島原の乱」史跡や、小浜温泉、雲仙温泉、島原温泉、原城温泉といった、それぞれ泉質の全く異なる温泉群も特筆できます。このように2つの大きな噴火災害からの復興と、人々の生活の中に火山の恵みである温泉や湧水を取り入れた「火山と人間との共生する」ジオパークであります。

参考資料

- 日比野秀男編『美術館と語る』ぺりかん社、1999
- 文化財保存修復学会編『文化財は守れるのか？』クバプロ、1999
- 文化財保存修復学会編『私たちの文化財を救え!!――災害と向き合う』クバプロ、2007
- 神庭信幸「低炭素社会と共存する文化遺産の保存――東京国立博物館の取組み」文化財保存修復学会大会実行委員会編『文化財保存修復学会第31回大会研究発表要旨集』、pp.36-37、文化財保存修復学会、2009
- 神庭信幸「博物館が文化財レスキュー活動に果たす役割と展望」立命館大学グローバルCOEプログラム歴史都市を守る「文化遺産災害学」推進拠点編『歴史都市防災論文集』Vol.6、立命館大学歴史都市防災研究センター、2012
- 日高真吾編『記憶をつなぐ――津波災害と文化遺産』千里文化財団、2012
- 国立歴史民俗博物館編『被災地の博物館に聞く』吉川弘文館、2012
- 東北地方太平洋沖地震被災文化財等救援委員会事務局『東北地方太平洋沖地震被災文化財等救援委員会平成23年度活動報告書』独立行政法人国立文化財機構、2012
- 東北地方太平洋沖地震被災文化財等救援委員会事務局『東北地方太平洋沖地震被災文化財等救援委員会平成24年度活動報告書』独立行政法人国立文化財機構、2013
- 東北地方太平洋沖地震被災文化財等救援委員会事務局『語ろう！文化財レスキュー――被災文化財等救援委員会公開討論会報告書』独立行政法人国立文化財機構、2013

表紙デザイン：白尾デザイン事務所

著者紹介

神庭信幸（かんば・のぶゆき）

1954年島根県生まれ。
保存科学者。
1977年東京都立大学理学部物理学科卒業、1979年東京藝術大学美術研究科大学院修士課程保存科学専攻修了、1997年博士号取得（美術、東京藝術大学）。1992年国立歴史民俗博物館情報資料研究部助教授、1998年東京国立博物館学芸部保存修復管理官を経て、2001年より2015年まで独立行政法人国立文化財機構東京国立博物館学芸研究部保存修復課長。専門は文化財資料の臨床保存学。特に予防保存と修理保存、伝統と科学の融合的かつ実践的な保存手法の確立に取り組んでいる。一般財団法人世界紙文化遺産支援財団紙守執行理事、武蔵野美術大学通信教育課程非常勤講師、横浜美術大学非常勤講師、秋田公立美術大学非常勤講師、文化学園大学非常勤講師、大正大学非常勤講師、東京藝術大学大学院非常勤講師。
主な論文に『文化財の輸送、展示、収蔵のための小空間における湿度・水分の変化に関する保存科学的研究』学位論文（1997）、『東京国立博物館における環境保全計画——所蔵文化財の恒久的保存のために』（MUSEUM、第594号、2005）。
共著に『輸送・工業包装の技術』（フジテクノシステム、2002）、『X-rays for Archaeology』（Springer、2005）、『博物館概論』（放送大学教育振興会、2007）、『ミュージアム・マネージメント学事典』（学文社、2015）、『博物館資料取扱いガイドブック——文化財、美術品等梱包・輸送の手引き・改訂版』（ぎょうせい、2016）がある。

博物館資料の臨床保存学

2014 年 4 月 1 日　初版第 1 刷発行
2020 年 9 月 1 日　初版第 3 刷発行

著　者　神庭信幸

発行者　白賀洋平
発行所　株式会社武蔵野美術大学出版局
　　　　〒 180-8566
　　　　東京都武蔵野市吉祥寺東町 3-3-7
　　　　電話　0422-23-0810（営業）
　　　　　　　0422-22-8580（編集）

印刷・製本　図書印刷株式会社

定価は表紙に表記してあります
乱丁・落丁本はお取り替えいたします
無断で本書の一部または全部を複写複製することは
著作権法上の例外を除き禁じられています

©KAMBA Nobuyuki 2014
ISBN978-4-86463-014-6　C3037　printed in Japan